油气田两化融合之路
——西南油气田的实践

康建国　主编

中国石油大学出版社
CHINA UNIVERSITY OF PETROLEUM PRESS

山东·青岛

图书在版编目(CIP)数据

油气田两化融合之路:西南油气田的实践 / 康建国
主编 . -- 青岛:中国石油大学出版社,2021.4
ISBN 978-7-5636-7100-7

Ⅰ. ①油… Ⅱ. ①康… Ⅲ. ①石油工业—工业发展—
研究—中国②天然气工业—工业发展—研究—中国 Ⅳ.
① F426.22

中国版本图书馆 CIP 数据核字(2021)第 054133 号

书　　名	:油气田两化融合之路——西南油气田的实践
	YOUQITIAN LIANGHUA RONGHE ZHI LU —— XINAN YOUQITIAN DE SHIJIAN
主　　编	:康建国

- -

责任编辑:袁超红(电话　0532-86981532)
封面设计:赵志勇

- -

出　版　者:中国石油大学出版社
　　　　　　(地址:山东省青岛市黄岛区长江西路 66 号　邮编:266580)
网　　　址:http://cbs.upc.edu.cn
电子邮箱:shiyoujiaoyu@126.com
排　版　者:青岛汇英栋梁文化传媒有限公司
印　刷　者:日照日报印务中心
发　行　者:中国石油大学出版社(电话　0532-86981531,86983437)
开　　　本:787 mm×1 092 mm　1/16
印　　　张:11
字　　　数:160 千字
版　印　次:2021 年 4 月第 1 版　2021 年 4 月第 1 次印刷
书　　　号:ISBN 978-7-5636-7100-7
定　　　价:50.00 元

本书编委会

主　　编：康建国

副主编：刘晓天　杜　强　陈介秋

编　委：汪云福　蒋晓琳　赵　培　王益富　王　刚

　　　　汪　亮　林钟灵　许建伟　孙　韵　冯黎明

　　　　官　庆　刘　新　吴　江　肖　宏　岳　松

　　　　杨　涛　杨　平　丁昕炜　廖　宏　李嘉迪

　　　　姚渝琪　杨云杰　李　晨　黄蔚卿　谯茗之

序

从 2007 年党的十七大报告正式将信息化列入"五化"以来,"两化融合"理念作为新型工业化发展的重要指导思想,不断提高、深化全国工业对于信息化的认识。两化融合的核心是信息化支撑,追求可持续发展模式。

西南油气田公司深耕四川盆地 60 余年,建立了我国第一个完整的天然气工业体系,是中国石油天然气集团公司唯一的天然气全产业链地区公司,如今已成为我国西南片区最大的天然气生产和供应企业。该公司全力推行两化融合,在各项目标任务上取得了历史性进步,成效十分显著。

本书讲述了两化融合理念对于世界新型经济格局的影响,又基于我国国情描述了国内两化融合现状及规划,再结合西南油气田公司两化融合体系的具体实践,从两化融合生态及标准体系构建、两化融合整体构架、两化融合实施路径、两化融合评价体系、两化融合经验、两化融合赋能型转型成果等 8 个方面介绍了西南油气田公司的两化融合之路,并提出了新时期两化融合的发展和展望。

西南油气田公司是推进两化融合理念最具成效的企业之一。本书从自身出发,现身说法,根据多年来对两化融合实施的经验,详细地分享了公司从体系构建到颇具成果的两化融合历程。

对处于两化融合实施阶段的企业和相关工作人员,本书的出版会有很大的帮助和参考价值,必将会受到读者的热烈欢迎。

西南石油大学党委书记

2021 年 3 月 11 日

前　言

　　2007 年 10 月，党的十七大报告正式将信息化列入"五化"，"两化融合"概念由此诞生。"两化"即信息化与工业化，两化融合就是信息化与工业化融合，走新型工业化的道路。两化融合理念是继 2002 年 11 月党的十六次全国代表大会提出以"信息化带动工业化，以工业化促进信息化"以来对我国新型工业化发展思路的继承和发扬。推进工业化和信息化的融合，是对信息化认识的逐步深入和提高。

　　两化融合的核心是信息化支撑，追求可持续发展模式。而信息化与工业化主要从四个方面进行融合：工业技术与信息技术融合，形成新的技术，推动技术创新——技术融合；技术或产品渗透到产品中，以提升产品技术含量——产品融合；信息技术应用到业务中，以推动企业业务创新和产品升级——业务融合；催生出新产业、新业态——产业衍生。

　　西南油气田公司全力推行两化融合，圆满完成各项目标任务，储量、产量、销量、效果均取得了历史性进步，生产经营创造的一系列新纪录、勘探开发取得的一系列新成果、改革创新取得的一系列新进展均与两化融合在西南油气田公司的贯彻实施密不可分。就油气田数字化建设而言，西南油气田公司积极自建从井下到终端、从生产到管理的信息系统，完成 7 236 km 光通信网络建设，形成了生产、办公两套核心网络，大幅度提升了生产指挥、信息系统推广的效率；就油气产量而言，迄今为止，"300 亿战略大气区"战略目标基本完成，天然气产量超过 300×10^8 m³，油气当量达到 $2\,500 \times 10^4$ t，其中页岩气产量也达到 100×10^8 m³。但西南油气田公司仍面临小微地震频发干扰页岩气勘探开发进度、钻机结构性矛盾制约勘探开发向深层进军、产运储销体系亟待进一步完善以及其他制约发展的安全及环境等问题、困难和挑战。

本书介绍了两化融合理念对世界新型经济格局的影响，基于我国国情描述了国内两化融合的现状及规划，重点结合西南油气田公司两化融合体系的具体实践，从两化融合生态及标准体系构建、两化融合整体构架、两化融合实施路径、两化融合评价体系、两化融合经验、两化融合赋能型转型成果等 8 个方面介绍了西南油气田公司的两化融合之路，并提出了新时期两化融合的发展和展望。

西南油气田公司 2017 年首次通过两化融合管理体系评定，这并不代表贯标工作的结束。西南油气田公司以专项"西南油气田上产 300 亿方勘探开发关键技术研究与应用"为核心，强化技术发展体系，形成 9 项跨越性、标志性的配套技术；完善两化融合组织体系，构建"层次清晰、布局合理、分工明确、精干高效"的两化融合组织体系；健全科技平台体系，以提升科技储备能力和原始创新能力为主要目标，完善和提升现有 17 个实验室／现场试验基地的整体水平。根据标准的要求，企业应开展年度监审工作，以确保体系的持续优化和改进。同时，证书的有效期为 3 年，2020 年到期后及时开展换审工作，整体流程与首次评定一致，区别在于申请的新型能力可根据企业打造的能力优先级进行更换。两化融合之路仍然需要继续拓宽，通过业务流程再造和深化改革建立高效合理的组织架构，制定科学灵活的战略体系，营造公平的交易环境，创新管理体制和运行机制并深化管理提升，这些工作依然任重道远。

本书介绍的两化融合理念在西南油气田的具体实施可供专业人士参考。

由于编者水平有限，难免有疏漏不当之处，希望广大读者批评指正。

目　录

第1章 绪 论

1.1 我国两化融合发展概况

"十二五"期间，我国两化融合顶层设计逐步加强，整体意识日益提高，发展成效不断显现。这主要体现在以下五个方面：

一是两化融合政策体系日臻完善。党中央、国务院先后出台《中国制造2025》《关于积极推进"互联网＋"行动的指导意见》《关于深化制造业与互联网融合发展的指导意见》《国家信息化发展战略纲要》等一系列文件，两化融合内涵思路不断丰富和完善，覆盖国家、行业、地区的两化融合协同工作机制逐渐形成，为制造强国建设奠定了坚实基础。

二是两化融合对传统产业起到了显著的提升作用。信息技术在企业研发、生产、经营、管理等环节的渗透不断加深，数字化研发设计工具普及率达69.3%，关键工序数控化率达49.5%，制造企业在精益管理、风险管控、供应链协同、市场快速响应等方面日益深入。

三是制造业智能化发展取得新进展。制造企业生产设备智能化改造步伐加快，综合集成水平持续提高，一批企业初步具备了探索智能制造的条件，智能机器人、智能家电、智能汽车、可穿戴智能产品、移动智能终端等产业得到了快速发展和应用。

四是基于互联网的新模式新业态不断涌现。互联网与制造业的融合发展催生了网络协同制造、个性化定制、服务型制造等新模式，工业云、工业大数据、工业电子商务等新业态蓬勃发展。

五是信息技术产业支撑服务能力进一步夯实。全球规模最大的宽带通信网络基本建成，自主研发的 EPA 实时以太网、WIA-PA 工业无线网络等被纳入工业控制网络国际标准；集成电路、高性能计算、网络通信、基础软件等领域取得突破，云计算、大数据、物联网、移动互联网在重点行业应用不断加深。

不过，我国两化融合发展仍存在整体水平不高、第三方公共服务平台支撑不足、核心技术薄弱、融合发展生态环境尚不健全等问题。

"十三五"时期，我国两化融合发展环境日益复杂，发展条件和动力发生深刻变革，面临的机遇与挑战并存。这主要体现在以下四个方面：

一是国际产业格局面临重大调整，围绕抢占制造业发展制高点的竞争愈演愈烈，两化融合发展迎来新空间。为应对新一轮科技革命和产业变革带来的挑战和机遇，以美国工业互联网、德国工业4.0为代表，发达国家纷纷实施以重振制造业为核心的"再工业化"战略，对高端制造业进行再调整再布局，以打造国家制造业竞争新优势。

二是产业结构升级和供给结构优化需求迫切，对两化融合发展提出新需求。我国经济发展进入新常态，制造业发展面临资源环境约束强化、要素成本上升、投资出口放缓等挑战，"十三五"时期亟须推动两化深度融合，优化企业资源配置，提升生产经营效率，改善产品品种结构，提高供给结构适应性和灵活性，形成经济增长新动力。

三是信息技术高速发展，成为构建新型制造体系的重要力量，为两化融合发展带来新支撑。以云计算、大数据、物联网、移动互联网为代表的新一代信息技术向制造业加速渗透融合，工业云、工业互联网、智能设备逐步成为制造业发展新基础，个性化定制、服务型制造成为生产方式变革新趋势，融合创新、系统创新、迭代创新、大众创新等成为制造业转型升级新动力。

四是工业领域信息安全形势日益严峻，对两化融合发展提出新要求。随着两化融合发展进程不断深入，工业信息系统逐步从单机走向互联、从封闭走向开放，为网络安全威胁向其加速渗透提供了条件，工业领域面临的信息安全形势日益紧迫，急需加速完善工业信息系统安全保障体系。

总体来讲,我国两化融合仍处于战略机遇期,处在逐步迈向纵深发展的新阶段。"十四五"期间,相关部门将加快出台两化融合"十四五"规划、制造业数字化转型行动计划,推进工业互联网创新发展工程和《"工业互联网+安全生产"行动计划(2021—2023年)》,制定行业数字化转型路线图,面向原材料、消费品、安全生产等重点行业领域,培育一批平台和解决方案,加快完善国家工业互联网大数据中心体系建设。

1.2 我国两化融合的指导思想、基本原则和发展目标

两化融合的指导思想是:全面贯彻党的十八大和十八届三中、四中、五中全会精神,牢固树立创新、协调、绿色、开放、共享的发展理念,围绕供给侧结构性改革需求,以激发制造业创新活力、发展潜力和转型动力为主线,大力促进信息化和工业化深度融合发展,着力打造支撑制造业转型的创业创新平台,积极培育新产品、新技术、新模式、新业态,加快构建支撑融合发展的基础设施体系,增强制造业转型升级新动能,构筑精细、柔性、智能、绿色的新型制造体系,不断提升中国制造全球竞争优势,推动制造强国建设。

两化融合的基本原则包括:

(1)创新驱动,转型发展。充分发挥新一代信息通信技术聚集、整合、优化要素资源的优势,应用互联网创新理念、创新要素和创新体系,带动制造业技术、产品、模式、机制创新,提高供给质量和效率,激发制造业发展新动能。

(2)跨界融合,互动发展。推动制造业与信息产业在发展理念、技术产业、生产体系、业务模式等方面全面融合,以两化融合带动信息产业加速发展,以信息产业支撑两化深度融合。协同推进军工和民用领域的两化融合,加强成果的相互转化和共享利用。

(3)分类施策,协调发展。把握新技术在不同环节、行业、领域的扩散规律和应用模式,针对不同企业、行业、区域两化融合发展基础、

阶段和水平差异，加快形成方法科学、机制灵活、政策精准的分类推进体系。

（4）市场主导，循序发展。把市场对资源配置的决定性作用和更好发挥政府作用有机结合起来，积极完善两化融合政策举措，突出企业主体地位，形成促进公平竞争、激发创新活力、保障循序发展的两化融合市场环境。

两化融合的发展目标是：到2020年，信息化和工业化融合发展水平进一步提高，提升制造业创新发展能力的"双创"体系更加健全，支撑融合发展的基础设施和产业生态日趋完善，制造业数字化、网络化、智能化取得明显进展，新产品、新技术、新模式、新业态不断催生新的增长点，全国两化融合发展指数达到85，比2015年提高约12，进入两化融合集成提升与创新突破阶段的企业比例达30%，比2015年提高约15个百分点。

1.3 西南油气田公司两化融合概况

西南油气田公司隶属中国石油天然气集团公司，由原四川石油管理局在1999年重组改制成立，是我国西南地区最大的天然气生产供应企业。西南油气田公司深耕四川盆地60余年，建立了我国第一个完整的天然气工业体系。面对新时代天然气大发展的黄金时期，西南油气田公司坚决贯彻党中央决策部署和集团公司工作要求，全面加强党的建设，大力实施改革创新，强力推进增储上产，切实肩负起天然气上产主力军、页岩气开发排头兵的重任，为保障国家能源安全、为集团公司建设世界一流综合性国际能源公司作出新贡献。

近年来，西南油气田公司深入贯彻落实习近平总书记"加快国内油气勘探开发"重要批示精神，按照集团公司总体安排部署，圆满完成各项目标任务，储量、产量、销量、效果均创历史新纪录，产量、利润双双跃居集团公司上游板块第四位，油气当量跨上2 000万吨新台阶，踏上了"决胜300亿"新征程。一是生产经营创造系列新纪录，规模实力显著增强。二是勘探开发取得系列新成果，增储上产能力显著增强。三是改革创新取得系列新进展,公司内生动能显著增强。通过构建"油公司"模式下的研发体系,创新活力持续提升;全面推行两化融合,初步建成龙王庙智能示范工程,基本建成数字化气田,开发转型升级成效显著;大力推进"三项制度"改革,推行新区扁平化生产经营管理模式,高质量发展机制体制逐步完善;通过试点推行安全生产责任清单建设,全面推广完整性管理,安全环保管控能力不断增强。西南油气田公司仍面临小微地震频发干扰页岩气勘探开发进度、钻机结构性矛盾制约勘探开发向深层进军、产运储销体系亟待进一步完善、地方合规手续办理影响储气库建设进度、质量安全环保事件较多、重要方案设计批复相对滞后等诸多困难、问题和挑战。

西南油气田通过多年的信息化建设,着力加强信息化与勘探开发、工程技术、生产运行、科学研究和经营管理等重点业务的深度融合,全力推进数字气田建设,在"云、网、端"基础设施配套、数据资源共享服务、专业系统深化应用、多业务一体化集成等方面取得了长足进展,信息化建设由单一系统建设、单一部门使用、覆盖单一业务,逐步向业务流程优化、系统平台化、信息共享化、应用集成化、专业一体化方向发展,有力地保障了主营业务高效稳健发展。

西南油气田在全力推进"决胜 300 亿、加快 500 亿、建设气大庆"的历史进程中,对两化融合提出了更高的要求和目标指引。围绕西南油气田的发展战略,消除信息孤岛、拆除协同藩篱,催生公司体制机制演化、促进传统生产组织与营运方式的变革,为公司注入可持续发展新动力,形成油气田勘探开发生产经营业务管理"自动化、一体化、协同化、智能化"的新形态,逐步迈向智能化气田,是西南油气田两化融合发展的重点任务。

对两化融合进程中存在的不适用问题,需要从管理上依托两化融合进行调整。两化融合是对组织多角度的综合描述,反映了"组织结构+业务流程+信息技术"的总体设计和安排,是连接企业战略、融合先进技术趋势,指导业务优化和信息化方案设计的重要手段,使信息化建设从"局部规划和设计"向"全局规划和顶层设计"

转变,最终走向可持续发展的轨道,两化深度融合是企业高质量创新发展的最佳实践。

实践证明,天然气产业一体化发展模式是适应四川盆地天然气产业发展特征与发展环境的独特的经济发展战略与管理模式。这一模式通过勘探开发技术创新,统筹常规与非常规资源,提升资源供应能力;通过输送储存技术创新,建立高效快捷的储运枢纽,提升运行保障能力;通过市场销售技术创新,优化市场配置实现资源最优化利用。上中下游全产业链的技术创新为天然气产业整体效益最大化提供了有力的技术支撑。这一模式通过规划布局一体化部署、体制机制一体化构建、运行调配一体化实施发挥最大能效,通过责任体系一体化落实、企业文化一体化建立、企地协同一体化推动发挥最大潜力。产业链中两层次、全方位的管理创新为天然气产业整体效益最大化提供了坚实的管理保障。这一模式通过全产业链的信息化、数字化和智能化,统筹技术与管理、决策与优化,充分运用集成化和平台化技术,大幅度提高产业发展数率,为天然气产业整体效益最大化提供了高效的信息手段。

第2章 两化融合国内外发展现状

两化融合已成为迈入新工业时代的必经之路。20 世纪 90 年代以来,飞速发展的信息技术有力地推动了生产力的发展。很多发达国家都制定了信息化战略计划,将信息化与工业化结合,以信息推动工业,使设计、生产过程自动化、数字化、网络化、智能化、可视化成为快速提升工业实力的最重要手段之一。基于我国国情,国内的工业发展注定不能只是效仿工业强国的工业战略,要想实现对工业强国的弯道超车,必须走一条专属的"新型工业"之路。由此,"两化融合"的理念诞生了,即以信息化带动工业化、以工业化促进信息化。只有坚持工业化和信息化同时发展,我国的工业水平才能突飞猛进。

2.1 国外工业智能化现状

近 100 多年来,人类社会工业技术发展日新月异,历经机械化、电气化、自动化 3 次工业革命,世界由刀耕火种的农耕时代进入了瞬息万变的信息化时代。当前世界范围内正掀起以"智能化"为标志的第 4 次工业革命。

第 4 次工业革命概念的明确提出源于德国率先推出的"工业 4.0"战略。2013 年 4 月 7 日至 11 日,在德国汉诺威工业博览会中,德国政府正式推出"工业 4.0"战略,并迅速引起全球的关注,引发新一轮工业转型热潮。美国提出了"先进制造业国家战略计划",日本提出了"科技工业联盟",英国提出了"工业 2050 战略"。面对滚滚工业变革大潮,中国也顺势提出了"中国制造 2025"。虽然各国战略提法不同,但是内容实质类似,均处于工业智能化的范畴之内。

工业智能化即智能制造,实质为工业技术和信息技术发展到一定阶段后互相结合的产物。当前人类工业技术发展成熟,而信息技术在近年也发展迅猛,互联网、物联网、大数据、云计算、区块链、智能化等技术层出不穷,工业化和信息化两者之间已初步进行了融合发展,人类社会具备了进行第4次工业革命的基础。

2.2　国内两化融合现状及规划

我国国情现状决定了我国的工业发展注定要走一条与西方发达国家不同的道路。与西方发达国家相比,我国目前的工业发展水平仍有较大的差距。西方发达国家历经3次完整的工业革命,在工业技术、工业基础上有足够浑厚的积累,由工业化过渡到信息化自然而然,先完成工业化后进行信息化;而我国工业起步较晚,基础相对薄弱,大部分企业的工业化水平较为低下,尚处于工业自动化的中低阶段。我国要跟上世界脚步,实现弯道超车,必须实行工业化和信息化同时发展、齐头并进,并互相融合、互相促进,加速工业转型变革,最终实现工业智能化目标,实现国家战略。

2.2.1　国内两化融合现状

两化融合是信息化和工业化的高层次的深度结合,是以信息化带动工业化、以工业化促进信息化,走新型工业化道路;两化融合的核心就是信息化支撑,追求可持续发展模式。"两化融合"理念正是由此而来。

两化融合是电子信息技术广泛应用到工业生产的各个环节,信息化成为工业企业经营管理的常规手段。信息化进程和工业化进程不再相互独立进行,不再是单方的带动和促进关系,而是两者在技术、产品、管理等各个层面相互交融,彼此不可分割,并催生工业电子、工业软件、工业信息服务业等新产业。两化融合是工业化和信息化发展到一定阶段的必然产物。

大力推进信息化与工业化深度融合发展,是党中央、国务院作出的一项长期性、战略性部署。党的十九大报告提出"推动互联网、大数据、人工智能和实体经济深度融合"，这与党的十七大提出的两化融合、党的十八大提出的两化深度融合一脉相承，标志着两化深度融合步入新的发展阶段。在新工业革命加速兴起的背景下，要准确把握新时代两化深度融合的新要求，不遗余力地推动新一代信息技术与制造业深度融合，一以贯之地促进制造业全面数字化转型，加快制造强国和网络强国建设，为中国经济转型、提质增效提供强大动力。

两化深度融合是新工业革命背景下强国之路的战略选择。历史上每一次工业革命都会引起全球制造业格局的重新洗牌，为后发国家实现"弯道超车"提供战略机遇。当前新工业革命孕育兴起，我国迎来了实现全球价值链攀升、推动产业由大到强的窗口机遇期。

（1）两化深度融合体现着新工业革命的本质特征。以信息技术加速创新与渗透融合为特征的新工业革命，通过两化深度融合引发生产力、生产关系和生产模式变革。首先，从解放体力劳动向解放脑力劳动转变。信息化和工业化融合从根本上改变了劳动者知识获取、工具使用、创新创业的方式和能力，劳动者逐步代替劳动工具成为生产力发展的决定性因素。其次，从传统生产要素驱动向新型生产要素驱动转变。两化深度融合促进信息技术向要素领域渗透，催生数据这一新型生产要素。数据带动技术、资金、人才、物资自由流动，推动制造资源按需优化配置，引领生产方式和产业模式变革。再次，从生产引导消费向消费引导生产转变。互联网搭建了用户需求和生产制造之间的桥梁，催生数据驱动的柔性化生产模式，推动规模经济向定制经济转变。

（2）两化深度融合是建设制造强国和网络强国的必由之路。改革开放以来，我国工业化进程快速推进，通过引进国外先进的制造装备和产品以及业态，充分吸取国外数十年发展积累的工业化和信息化融合发展经验，生产效率大幅提升，商业模式日渐丰富，产业组织不断优化，迅速成长为举世瞩目的制造大国和网络大国。从发展趋势看，随着互联网应用从消费环节向制造环节扩散，网络连接对象从人与人延伸到物与物、物与人，工业互联网应运而生，融合发展由数字化向网络化、智能化跃升,两化深度融合成为网络强国建设的核心关键。可以说,两化深度融合已经成为制造强国和网络强国战略的融合点、焊接点和着力点。

（3）两化深度融合是我国制造业实现"换道超车"的必然选择。从国外看,发达国家正围绕新工业革命积极加强战略布局。德国工业4.0、美国工业互联网等思路虽不尽相同,但均将融合发展作为提升制造业竞争力的着力点,与我国的两化深度融合在理念、任务、方法等方面异曲同工。从国内看,我国制造业规模稳居全球第一,互联网实现跨越性发展,已在多领域领先世界。作为制造大国和网络大国,我国具备了通过推进两化深度融合抢抓"换道超车"机遇的独特优势。因此,我国要充分发挥制造大国和网络大国的叠加、聚合、倍增效应,深化新一代信息技术与制造业融合发展,以"鼎新"带动"革故",以增量带动存量,最终实现我国在新工业革命中从"跟跑"到"并跑"再到"领跑"的历史跨越。

2.2.2 我国两化融合规划

我国非常重视两化融合的整体规划,工业和信息化部先后出台了多项政策法规推动两化融合的发展。我国在两化融合方面已提出了很好的指导思想、发展思路、发展目标,并取得了很大成效。

1）两化融合"十三五"规划指导思想、发展思路和发展目标

（1）指导思想:创新、协调、绿色、开放、共享。

（2）发展思路:

- 主线是激发制造业转型动力、发展潜力、创新活力;
- 打造支撑制造业转型的创新创业平台;
- 培育新产品、新技术、新模式、新业态;
- 构建支撑融合发展的基础设施体系。

（3）发展目标:改造提升传统动能,培育新动能,构筑精细、柔性、智能、绿色的新型制造体系。

2）两化融合发展成效

我国两化融合发展取得的成效主要体现在如下方面：

（1）两化融合政策体系日臻完善。例如，"十二五"期间工业和信息化部出台了诸多两化融合系列的相关政策：《关于深化制造业与互联网融合发展的指导意见》《关于积极推进"互联网＋"行动的指导意见》《国家信息化发展战略纲要》。

（2）两化融合对传统产业提升作用显著。信息技术在研发、生产、经营、管理等环节的渗透不断加深，数字化研发设计工具普及率达 61.1%，关键工序数控化率达 45.4%。制造企业在精益管理、风险管控、供应链协同、市场快速响应等方面的竞争优势不断扩大。

（3）制造业智能化发展取得新进展。生产设备智能化改造加快，综合集成水平持续提高，一批企业初步具备探索智能制造的条件，智能制造就绪率达 4.4%。

（4）基于互联网的新模式、新业态不断涌现。新模式如大规模个性化定制、网络协同制造、服务型制造；新业态如工业云、工业大数据、工业电子商务。

（5）信息技术产业支撑服务能力进一步夯实。全球规模最大的宽带通信网络基本建成，自主研发的 EPA 实施以太网、WIA-PA 工业无线网络等被纳入工业控制网络国际标准。集成电路、高性能计算、网络通信、基础软件等领域取得突破，云计算、大数据、物联网、移动互联网在重点行业应用不断加深。

3）"十三五"两化融合发展基本思路

两化融合发展基本思路主要是：

（1）既注重技术创新，也注重管理变革。发挥两化融合引领生产模式变革与引领组织方式变革双重作用，引领企业从数字化阶段迈向网络化、智能化阶段。生产模式变革朝规模化、定制化、协同化、服务化方向发展；组织方式变革朝扁平化、流程化、价值网络方向发展。

（2）既注重改造提升传统动能，也注重培育发展新动能。加快信息技术与传统产业渗透融合，改造提升传统工业能力；推进制造业与互联网融合发展,打造互联网时代新型能力。

（3）既注重关键点突破,也注重系统能力提升。

（4）既注重制造企业,也注重 ICT 企业和金融企业。

（5）既注重继承发扬,也注重创新突破。

"十二五"时期的发展阶段及思路是:

（1）初步探索阶段,2009—2011 年。整体思路是摸清现状、试点示范、典型引导。重点工作包括先进企业典型交流、行业两化融合评估和运行形势监测,国家级两化融合试验区。

（2）重点突破阶段,2011—2013 年。整体思路是聚焦传统产业改造升级,着重突破规划政策、专项资金、评估评价等问题。重点工作包括出台两化融合指导意见,设立两化融合专项资金,发布两化融合评估规范,组织深度行系列活动和重大成果展。

（3）系统推进阶段,2013—2015 年。整体思路是以管理体系为引领,系统推进两化融合,涵盖传统产业改造、新模式、新业态培育、系统解决方案等。重点工作包括两化融合五年行动计划、管理体系标准建设与推广、两化融合评估诊断与对标、工业云创新行动、互联网与工业融合创新试点、工业电子商务试点。

"十三五"时期的重点是:

（1）做好从点（企业）、线（行业）、面（区域）、体（全方位）的扩张。

（2）大企业"双创"、中小企业"双创"、新型研发创新。

（3）智能工厂、网络协同制造、个性化定制、服务型制造。

（4）基于互联网的产品服务、工业电子商务。

（5）系统解决方案、跨界融合、智慧集群。

（6）两化融合管理体系、两化融合评估诊断。

（7）智能装备、智能产品。

（8）新四基（一软一硬一网一平台）、工业信息安全。

4）"十三五"两化融合发展目标

"十三五"两化融合发展总体目标是:2020 年,全国两化融合发展指数增长约 12%;两化融合集成提升与创新突破阶段的比率增长约 15%,达到 30%。

具体目标是：

（1）基于互联网的制造业"双创"体系不断完善。"双创"成为制造业转型升级新引擎,服务平台支撑能力显著提升,在线化、平台化和共享水平显著提升。

（2）新型生产模式在重点行业广泛普及。关键工序数控化率达到 50%。

（3）基于互联网的服务业态成为新的增长点。工业电子商务交易额达到 10 万亿元。

（4）智能装备和产品自主创新能力大幅提升。新型智能硬件产品和服务市场规模达到万亿级。

（5）支撑融合发展的基础设施体系基本建立。包括自动控制与感知技术、工业软硬件供给能力、工业云与智能制造平台、网络服务支撑能力。

5）"十三五"两化融合七大主要任务

任务一：构建基于互联网的制造业"双创"新体系,激发创业创新活力。

（1）推动大企业"双创"发展。建立基于互联网的"双创"平台,推动基于平台的新型研发、生产、管理和服务模式;面向社会开放平台资源,不断丰富相关服务,促进创新要素集聚发展;围绕打造产业链竞争新优势,推动大企业加强与中小企业的多种形式协作,形成产业创新集群。

代表企业：中航爱创客、航天云网。

（2）构建面向中小企业"双创"服务体系。完善中小企业"双创"服务体系;支持中小微企业创业创新的信息化应用服务;支持建设"创客中国"创业创新平台;积极发展众创、众包、众扶、众筹等新模式,培育"双创"生态系统。

代表企业：HOPE 开放创新平台。

（3）发展新型研发创新服务。加快制造业创新中心建设,推动共性和前沿技术研发和应用,打造贯穿创新链、产业链的创新生态系统;推动检验检测、测试认证、知识产权、技术交易等专业研发服务的在线化和平台化,促进研发成果转化和市场拓展;加强产学研合作,利用新一代信息技术平台,发展虚拟在线、敏捷高效、按需供给的新型研发服务。

代表企业:海尔、华为。

任务二:普及两化融合管理体系标准,创新企业组织管理模式。

(1)加快两化融合管理体系标准普及推广。完善两化融合管理体系基础标准,制定新标准,研究制定引导企业互联网转型的新型能力框架体系和参考模型;组织两化融合管理体系的实施与推广,分行业、分领域培育一批示范企业;完善两化融合管理体系市场化服务体系,建立线上线下协同推进机制,加强政策引导和资金支持,加快形成评定结果的市场化采信机制。

(2)持续开展两化融合评估诊断和对标。结合智能制造和"互联网+"新趋势,优化企业两化融合评估体系和评估模型,完善多层次的两化融合评估协同工作体系;建设企业两化融合评估大数据平台,周期性组织开展企业两化融合自评估、自诊断、自对标,形成区域、行业、企业等两化融合数据地图,提高政府精准施策、机构精准服务、企业精准决策水平。

任务三:推广网络化生产新模式,引领生产方式持续变革。

(1)大力发展智能工厂。加快离散行业生产装备智能化改造,推动全面感知、设备互联、数据集成、智能管控,促进生产过程精准化、柔性化、敏捷化;加强流程行业先进过程控制和制造执行系统的全面部署和优化升级,推进能源管理中心建设,实现集约高效、动态优化、安全可靠和绿色低碳。

(2)推进网络协同制造。加快网络、控制系统、管理软件和数据平台纵向集成,促进企业经营各环节的无缝衔接和综合集成,实现全流程信息共享和业务协同;推动企业间系统的横向集成,推进协同制造平台建设,提升产业链上下游企业间的协同能力。

（3）推广个性化定制。推动家电、家具、服装、家纺、建材家居等行业发展动态感知，实时响应消费需求的大规模个性化定制模式；鼓励飞机、船舶等行业提升高端产品和装备模块化设计、柔性化制造、定制化服务能力，培育"互联网＋"新型手工作坊等小批量个性化订制模式。

（4）发展服务型制造。推动国家级工业设计中心建设；鼓励有条件的企业从主要提供产品向提供产品和服务转变；引导装备制造行业拓展总集成总承包、交钥匙工程和租赁外包等新业务；推动制造企业开展信息技术、物流、金融等服务业务剥离重组，鼓励合同能源管理、产品回收和再制造，排污权交易、碳交易等专业服务网络化发展。

任务四：培育平台化服务新业态，推动产业价值链向高端跃升。

（1）培育基于互联网的产品服务。围绕提升智能产品在线服务能力，推动数字内容、电子商务、应用服务等业务资源整合，培育智慧家庭、智能家电、智能穿戴等领域的服务新业态。深化物联网标识解析、工业云服务、工业大数据分析等在重点行业的应用，支持食品、药品、危险品、特种设备、绿色建材等行业发展基于产品全生命周期管理的追溯监管、质量控制等服务新模式，构建智能监测监管体系，支持机械、汽车等行业发展产品在线维护、远程运维、智能供应链、协同研发等服务新业态。

（2）大力发展工业电子商务。引导大型制造企业采购销售平台向行业电子商务平台转型，提高企业供应链协同水平；引导第三方工业电子商务平台向网上交易、加工配送、技术服务、支付结算、供应链金融、大数据分析等综合服务延伸，提升平台运营服务能力。鼓励发展跨境工业电子商务，完善通关、检验检疫、结汇、退税等关键环节"单一窗口"综合服务体系。推动建设集信息发布、在线交易、数据分析、跟踪追溯等功能为一体的智能物流平台，提高面向工业领域供应链协同需求的物流响应能力。

任务五：营造跨界融合新生态，提高行业融合创新能力。

（1）提升系统解决方案能力。开展信息物理系统（CPS）的相关基础关键标准研究，突破相关关键核心技术；构建 CPS 应用测试验证平台及测试床，组织开展行业应用试点示范；面向重点行业智能制造建设，加快培育本土系统解决方案提供商，加强适应重点行业特点和需求的优秀解决方案研发和推广普及。

（2）创新跨界融合发展模式。支持互联网企业与制造企业合作，构建智能汽车、智能家电、数控机床、智能机器人等领域新技术体系、标准规范、商业模式和产业生态；推动中小企业制造资源与互联网平台全面对接，实现研发设计、生产制造和物流配送等能力的在线发布、协同和交易；支持制造企业与电子商务企业、物流企业、金融企业开展多领域合作，整合线上线下交易资源，打造高效协同的生产流通一体化新生态。

（3）加快智慧集群建设。围绕制造业集聚区的集约化、网络化、品牌化提升改造，实施"互联网＋"产业集群行动，开展智慧集群建设和试点，打造智慧集群；开展制造业与互联网融合政策创新试点，形成制造业区域发展新模式。

任务六：发展智能装备和产品，加快形成新型服务业态及生产制造新模式。

（1）加快发展智能新产品。推动低功耗 CPU、高精度传感器、新型显示器件、轻量级操作系统等智能产业共性关键技术攻关，促进创新成果快速转化；支持重点领域智能产品、集成开发平台和解决方案的研发和产业化，支持虚拟现实、人工智能核心技术突破及产品应用创新；发展智能汽车、智慧医疗、智慧交通、智能建材家居等新型智能产品的测试验证环境、示范运行场景和基础数据平台，提升监测认证公共服务能力。

（2）做强智能制造关键技术装备。加快推动高档数控机床、工业机器人、器材制造装备、智能检测与装配装备、智能物流与仓储系统装备等关键技术装备的工程应用和产业化；优先支持航空航天、海洋工程、新材料等重点领域智能制造成套装备的研发和产业化，加快传统制造业生产设备的数字化、网络化和智能化改造。

任务七：完善基础设施体系，提升支撑服务能力。

（1）"一硬"，夯实自动控制与感知技术基础。加强传感器关键技术研发和产业化发展；突破工业控制系统中关键器件和技术的发展瓶颈；加快核心芯片产业化，推进相关领域嵌入式处理器的研发和规模应用。

（2）"一软"，发展核心工业软硬件。突破虚拟仿真、人机交互、系统自治等关键共性技术发展瓶颈，夯实核心驱动控制软件、实时数据库、嵌入式系统等产业基础；提升工业软件的研发和产业化能力，加强软件定义和支撑制造业的基础性作用；支持信息物理系统关键技术测试验证，推动工业软硬件与工业大数据平台、工业互联网、工业信息安全系统和智能装备的集成应用。

（3）"一平台"，提升工业云与大数据服务能力。突破通信协议、数据接口、数据分析等关键技术，提升工业云平台系统解决方案供给能力；创新工业云服务内容与模式，培育基于工业云的新型生产组织模式，加快工业数据服务平台研发和推广应用，推动大数据在产品全生命周期的应用，形成一批工业大数据解决方案，构建智能服务生态。

（4）"一网络"，推动工业互联网建设。提升宽带网络能力，积极部署全光网，推进 5G 规模试验网建设和试商用进程；推动 IPv6 在物联网中的应用，持续优化互联网骨干网，实现国内骨干直联点与交换中心协同发展；开展工业互联网技术试验验证、工业互联网标识解析系统建设、工业互联网 IPv6 应用部署、工业互联网管理支撑平台等工作；加快推进新一代工业互联网设备、技术研发与产业化；研究制定工业互联网网络安全防护标准，加强网络侧安全技术手段建设，建立健全网络安全保障体系。

（5）"一保障"，逐步完善工业信息安全保障体系。健全政策标准体系，研制工控安全审查、分级评估、职能产品关键信息安全标准及其验证平台；支持国家工业信息安全平台建设，加快工业信息安全工作体系建设，建立工业信息安全监管体系；支持研发工业信息系统、产品检测技术和工具,开展社会化工业信息安全测评服务,建立工业信息安全技术保障体系。

6)六项重点工程

重点工程一:制造业"双创"培育工程。

(1)大企业"双创"平台。依托重点行业优势企业,在研发创新、协同制造、产品全生命周期管理等领域开展"双创"平台建设及应用推广。

(2)公共服务平台。支持基础电信企业、大型互联网企业联合共建资源开放、数据共享、创业孵化、在线测试、创业咨询等服务平台,为中小企业及个人开发者开展制造领域创新提供普惠服务。

(3)众创空间。推动有条件的国家新型工业化产业示范基地和产业集聚区结合国家战略布局及产业发展实际,与众创、众包、众扶、众筹等服务资源对接,建设各具特色、虚实结合的众创空间。

(4)国家制造业创新中心。建设若干国家制造业创新中心,提供虚拟在线、敏捷高效、按需供给的专业化服务。

重点工程二:制造业与互联网融合发展工程。

(1)工业云平台。选择有条件的地区、行业、企业,建设多功能、集成化的工业云平台,开展工业云服务创新应用,培育社会化、共享化、网络化服务新模式。

(2)大数据平台。聚焦能源精细化管理、供应链金融服务、产品全生命周期质量管理等,开展大数据智能分析平台、开放服务平台等建设及应用,发展大数据智能服务新模式。

(3)大企业集采销平台。推动具有行业知名度的大企业开放集采集销平台,实现与供应链上下游企业间的互联互通,发现供需精准对接服务。

(4)综合性电子商务平台。建设行业性和综合性电子商务平台,支持平台服务向多元化方向延伸,建立和完善工业电子商务运行形势监测分析体系。

重点工程三：系统解决方案能力提升工程。

（1）信息物理系统基础研究。研制 CPS 综合标准体系，建设 CPS 开发工具、知识库、组件库等通用平台，建设 CPS 测试验证平台和综合验证实验床。

（2）精益研发。以石油化工、船舶、机械、汽车等行业为重点，研制精益研发解决方案，建立研发与制造一体化平台，推广虚拟环境中的系统研发设计和验证服务。

（3）智能工厂。聚焦石油化工、钢铁、有色、建材、航空、汽车、船舶、家电等行业，研制智能工厂解决方案，完善企业智能化生产体系。

（4）供应链系统管控。针对装备、消费品等行业，研制供应链协同管控解决方案，为企业构建系统化、柔性化、智能化供应链体系提供支撑。

重点工程四：企业管理能力提升工程。

两化融合管理体系贯标与两化融合发展数据地图：

（1）分行业、分领域开展两化融合管理体系贯标示范，总结提炼贯标成果和经验，鼓励和推动各地开展省市级贯标试点示范工作，组织开展各类宣贯和培训活动。

（2）推动企业以管理体系贯标为牵引实现管理模式创新和管理现代化水平提升，培育和提升精益管理、大规模个性化定制、供应链协同、市场快速响应、精准营销等核心竞争能力。

（3）培育壮大贯标评定的市场服务队伍，推动完成贯标企业开展评定。

（4）健全两化融合评估体系，依托中国两化融合服务平台建设两化融合大数据平台，每年推动各省级单位组织辖区内企业开展周期性两化融合自评估、自诊断与自对标。

重点工程五：核心技术研发和产业化工程。

（1）装备和产品智能化。围绕重大装备和产品智能化需求，搭建技术联合攻关平台，支持自动控制和智能感知设备及系统、核心芯片技术，以及新型显示系统的研发和产业化。

（2）基础设施体系。重点扶持安全可控的工业基础软硬件、高端行业应用软件、嵌入式系统、新型工业 APP 应用平台、工业互联网网络设备、工控安全防护产品发展；支持企业探索工业互联网应用创新，开展工厂内外网络技术及互联互通、无线工厂、标识解析、IPv6等方面的应用示范。

（3）信息技术服务标准。支持信息技术服务在个性化定制、产品全生命周期管理、网络精准营销和在线支持等领域的应用。

重点工程六：工业信息安全保障工程。

（1）搭建智能产品及装备信息安全测评平台，提升智能装备、产品应用安全水平和智能工厂信息安全保障能力。

（2）应用推广工业信息安全产品，提升工业行业信息安全防护能力。

（3）试点工业信息安全应急和攻防演练，提升工业领域信息系统安全漏洞可发现和风险可防范能力。

（4）建设工业云、工业大数据信息安全检测和预警平台，防范工业领域信息系统的高级可持续威胁。

7）保障措施

两化融合保障措施主要包括：

（1）健全组织实施机制。健全两化融合工作协同推进机制，明确规划落实的要求、目标和任务；建立两化融合发展的跟踪监测、统计分析、绩效评估和监督考核机制。

（2）加大财税金融支持。利用现有专项资金加大对两化融合工作的支持；完善税收优惠政策，引导金融市场、社会资本加大对两化融合的投入和支持。

（3）建立健全标准体系。加快建立完善两化融合标准体系，推动建立跨界融合标准化技术组织；支持联盟等社会团体制定两化融合领域团体标准，加快国际标准化进程。

（4）完善人才培养体系。完善企业激励创新机制，创造两化融合优秀人才脱颖而出的有利环境;推动高校设立两化融合相关学科,将两化融合人才培养纳入教育体系。

（5）加强国际交流合作。加强两化融合领域的双边、多边国际交流合作;结合"一带一路"重大战略,推动两化融合相关标准、产品、技术、服务等全链条"走出去"。

第3章　西南油气田两化融合总体概述

"十三五"以来,西南油气田深刻落实"两化融合",从 2018 年初步建成数字化油气田,到 2020 年全面建成数字化油气田,"两化融合"发挥着强有力的支柱作用,为建成 300 亿战略大气区提供了强有力的信息化支撑。西南油气田公司基于公司基本情况及业务现状提出的"三步走"战略,既坚定不移地贯彻了党的路线方针政策和国家发展战略,又更深层次地推动了"两化融合"在西南油气田的实施。西南油气田公司两化融合管理体系建设至今,运行较为顺畅,基本贯彻了"以获取可持续竞争优势为关注焦点、战略一致性、领导核心作用、全员参与全员考核、过程管理、全局优化、循序渐进、创新引领、开发协作"的两化融合 9 项原则。

3.1　西南油气田公司基本情况及业务现状

西南油气田公司主要负责四川盆地的油气勘探开发、天然气输配以及川渝地区的天然气销售和终端业务。在四川盆地半个多世纪的油气勘探开发历程中,公司建成了国内最早的天然气工业基地,建成了国内首个百亿气区和首个以生产天然气为主的千万吨级大油气田。公司先后荣获"全国五一劳动奖状""中国文化管理先进单位""全国企业文化优秀单位"等多项荣誉称号。

西南油气田公司具有天然气上中下游一体化完整产业链的鲜明特色和发展优势,是西南地区最大的天然气生产供应企业,在四川盆地及其周缘拥有广阔的矿权面积,丰富的天然气地质储量、石油地质储量、天然气 SEC 储量,具有良好的资源接替潜力。现有重庆、川中、蜀南等 5 个生产单位,生产井千余口。集输和燃气管道高度拓展延伸,使得综合输配能力进一步加强,并建有最大应急采气能力在 2 000×10⁴ m³/d 以上的相国寺储气库,区域管网通过中贵线和忠武线与中亚、中缅、西气东输等骨干管道连接,是我国能源战略通道的西南枢纽。天然气用户遍及西南地区,有千余家大中型工业、2 000 多万户居民家庭以及过万户公用事业单位,在川渝地区天然气市场占有率达 76% 以上。

西南油气田公司在 60 多年的艰苦探索和辛勤耕耘中基本形成了适应盆地地质地貌特点和自然、社会环境的勘探开发及工程配套技术,特别是在复杂深层碳酸盐岩油气藏、低渗碎屑岩气藏、高含硫气田和页岩气勘探开发等方面形成了 12 个技术系列共 96 项特色技术,其中 21 余项达到国际先进水平。公司是国内天然气行业技术标准的主要起草者,在业内拥有较强的话语权和影响力,截止到2018 年底共承担和修订国家标准 66 项、行业标准 55 项,并主导编制了《天然气　硫化合物的测定——用氧化微库仑法测定总硫含量》(ISO 16960：2014)、《天然气　硫化合物的测定——用紫外荧光光度法测定总硫含量》(ISO 20729：2017)、《天然气　上游领域——用激光光谱法分析硫化氢含量》(ISO 20676：2018)等 3 项国际标准,实现了中国在石油天然气上游领域国际标准制定方面零的突破。公司认真落实国家"走出去"战略和中国石油统一部署,走出盆地,充分发挥深厚的技术、人才、管理和文化优势,有力支援了塔里木盆地的天然气勘探开发,支撑保障了我国对外能源合作项目——土库曼斯坦阿姆河右岸天然气项目勘探开发建设技术支持和生产运行管理,为国内天然气安全平稳供应作出了突出贡献。

西南油气田公司经过多年的努力,在数字化气田建设方面已初见成效。公司积极推进统建系统建设和推广,围绕勘探与生产技术数据管理系统,持续建设录井、物探工程等应用系统,为勘探开发一体化研究提供了数据服务支撑平台;深化应用油水井生产数据管理系统,扩展了采油气工艺措施、开发井产能建设等功能,推进了油气水井信息化与管理深度融合;集成应用了 ERP、物资采购管理、合同管理等经营管理类系统,促进了经营业务从分散管理向集中管控转变;积极自建从井下到终端、生产到管理的信息系统,完成了 7 236 km 光通信网络建设,建成生产、办公两套核心网络,为生产指挥、信息系统推广应用构建起"信息高速公路";持续推进场站数字化、油气生产物联网、SCADA 系统建设与改造,实现了生产实时监控、关键过程连锁控制、重要井站远程控制,有效支撑了"中心站+单井无人值守"管理模式转型变革;完成了数据整合与应用服务平台建设,开展了跨系统、跨专业的数据共享和应用集成服务体系建设,尤其是建成了龙王庙数字化管理平台、页岩气气田开发数字化专业系统,实现了数据集成、信息共享、管理协同,大幅提升了管理效率。

西南油气田公司认真落实集团公司稳健发展方针和总体要求,围绕建成 300 亿战略大气区目标,大力实施"创新、资源、市场、低成本"四大战略,突出主营业务,坚持把勘探放在首位,突出质量效益,坚持走低成本发展之路,突出以人为本,坚持安全发展、清洁发展、和谐发展,大打勘探进攻仗,打好开发主动仗,打赢页岩气攻关仗,努力实现储量、产量持续增长,销量、效益同步提升,内外环境和谐稳定。

西南油气田公司确立的 2025 年的业务布局是:主营业务包括油气勘探、油气开发、油气管道和油气销售,生产保障业务包括信息化建设、安全环保、工程建设、应急抢险、管理支持、物资供应、教育培训。

3.2 西南油气田"三步走"战略

西南油气田是西南地区最大的天然气生产供应企业,公司上下深入贯彻落实习近平总书记"加快国内油气勘探开发"重要批示精神,按照集团公司总体安排部署,提出要结合以气为主的业务特点,围绕稳健发展与加快发展,全面贯彻绿色发展理念,建立低碳清洁能源体系,保障国家能源战略安全,优化公司业务结构,巩固发展一体化优势,加快天然气业务发展,加快国内页岩气规模建产,建设百亿方页岩气大气田,在西南地区天然气安全平稳供应中发挥中坚作用,不断增强公司的竞争力、影响力和保障能力,打造西南增长极。

西南油气田提出的"三步走"战略是:

(1)到 2020 年,全面建成 300 亿战略大气区。天然气产量超过 $300 \times 10^8 \ m^3$,油气当量达到 $2\ 500 \times 10^4 \ t$ 以上,其中页岩气产量达到 $100 \times 10^8 \ m^3$。

(2)到 2035 年,建成国内最大的现代化天然气工业基地。页岩气产量力争每 5 年上产 $100 \times 10^8 \ m^3$ 以上,天然气产量达到 $700 \times 10^8 \ m^3$,油气当量超过 $5\ 000 \times 10^4 \ t$。天然气产量规模国内最大,经营业绩国内一流,核心技术和自主创新能力国内领先。

(3)到 21 世纪中叶,西南增长极地位更加牢固。油气当量保持 $5\ 000 \times 10^4 \ t$ 以上并稳产 20 年。规模实力、核心竞争力和创新创效能力保持国内领先、达到国际一流,成为拥有充分话语权和影响力的天然气领军企业、引领国内天然气技术发展的标杆企业、体现中国特色现代化企业制度优越性的代表企业。

围绕"三步走"战略,西南油气田将坚定不移地贯彻党的路线方针政策和国家发展战略,坚持稳健发展、稳中求进,深入实施"四大战略",全力推进"五大工程",充分发挥上中下游一体化优势;持续完善体制机制,强化顶层设计,坚持问题导向,推动发展方式、经营机制、管理模式的转变提升;大力推进科技创新,强化开放共享和联合攻关,狠抓重大专项和现场试验,努力突破一批关键核心技术、推广一批先进成熟技术、研发一批前沿储备技术;持续推进管理创新,大力实施两化融合,深入开展开源节流、降本增效,不断推动公司发展转型升级、提质提效。

3.3　西南油气田两化融合现状

"十三五"期间,西南油气田公司数字化油气田建设跨入集成应用阶段,坚持以"两化融合"作为管理创新的强有力抓手,强化"业务主导",着力抓好顶层设计、基础建设、集成应用和体系保障。西南油气田公司已启动油气生产物联网完善、作业区数字化管理平台、勘探开发生产动态管理平台、勘探开发一体化协同研究及应用平台等10余项建设工程项目，确保数字化油气田"两步走"目标的实现。到2018年，初步建成数字化油气田，基本建成覆盖全部生产现场的油气生产物联网和作业区数字化管理平台，实现作业区以下的自动化生产和数字化办公；到2020年，全面建成数字化油气田，初步建成智能油气田示范，全面建成覆盖全部生产现场的自控系统，实现勘探、开发、管道、生产运行、经营管理各主营业务领域核心业务流程信息化管理，不断提升自动化生产、数字化办公、智能化管理水平，为建成300亿战略大气区提供强有力的信息化支撑。

2019年，西南油气田公司紧密围绕勘探开发生产主营业务发展，按照"持续构建全面集成的数字化企业，支撑打造核心竞争能力"的两化融合总体目标，通过信息化与工业化实质融合，大力推进数字化油气田建设，加快勘探、开发、管道等专业平台建设，积极探索智能化示范应用，有力支撑了"油公司"模式下的劳动组织模式优化和管理层级压缩，助推了企业转型升级。通过水平评估分析优势短板，公司确定打造"油气生产过程一体化智能管控能力、油气生产经营效益实时评价能力、作业区数字化管理效率提升能力、油气生产设备精细化管理能力、油气生产管道一体化管控能力、勘探开发一体化业务协同能力、科研协同创新能力、市场分析与营销决策支持能力"8个新型能力，优化能力目标；对标国标，制修订完善两化融合管理体系文件15余项；优化两化融合工作管理平台，提升两化融合规范化管理水平；有序推进数据治理工作，提高数据集成共享效率；合并信息化考核及两化融合内审工作，修订完善256项内审标准，采用"现场＋线上"审核方式，开展所属各单位2019年度内审工作；组织公司级两化融合管理体系贯标专题培训及应用系统培训9期，累计培训550余人次。

西南油气田公司两化融合管理体系建设至今，运行较为顺畅，从体系策划、文件编写到实施运行，基本贯彻了"以获取可持续竞争优势为关注焦点、战略一致性、领导核心作用、全员参与全员考核、过程管理、全局优化、循序渐进、创新引领、开发协作"的两化融合 9 项原则,与 8 个新型能力相关的两化融合匹配项目基本按照策划、业务流程与组织结构优化、技术实现、数据开发利用、匹配与规范、运行控制等实施框架进行,拟形成的能力能够支持公司低油价下可持续发展竞争优势的保持。

第4章 两化融合生态及标准体系构建

两化融合生态系统与标准体系是以协调兼顾、创新引领，自主可控、开放合作，动态优化、持续改进为三大构建原则，从工业经济三个视角、数字经济三个视角出发，围绕数据、技术、业务流程和组织结构四大核心要素，历经数字化、网络化、智能化等发展阶段后形成的一套完整的发展体系。

西南油气田公司以两化融合生态系统与标准体系为核心，又结合西南油气田片区的实际情况构建了适宜自身的生态系统与标准体系，从 20 世纪 90 年代到 21 世纪初，历经"十一五""十二五"和"十三五"三个五年规划，实现了从探索起步阶段逐步到集成应用阶段的伟大进步。面向"十四五"规划，公司积极响应，以更加详尽的构建原则和更加广泛的构建视角完善适应新五年规划的生态及标准体系。

4.1 两化融合生态系统与标准体系要素

4.1.1 两化融合生态系统与标准体系的构建原则

两化融合生态系统与标准体系的构建原则是：

协调兼顾、创新引领——紧密围绕中国产业需求，统筹资源、优化结构，改造提升传统动能，培育发展新动能。

系统融合、突出重点——突破薄弱环节，带动整体提升。基础设施、企业(组织)管控数字化及集成互联，产品生命周期数字化及集成互联，产业链数字化及集成互联。

自主可控，开放合作——立足于中国产业发展成果及经验。工业 4.0，智能制造，TOGAF，工业互联网。

动态优化,持续改进——发展条件和动力持续变革。为新兴领域留下空间,结合实践不断优化,兼容性优,开放性好,可塑性强。

4.1.2　两化融合生态系统的三个视角、核心要素和发展阶段

1)两化融合生态系统三个视角

围绕两化融合推进主体(谁来做)、活动对象(做什么)、基础资源条件(基于什么做)三个基本问题,从组织生态、价值网络、资源环境三个视角出发构建两化融合生态系统,明确两化融合的理念、要素、方法、路径,为社会各界推进两化融合提供统一框架和基本依据。对于石化行业,以各油气田公司为主体,基于所在片区油气储藏情况,以提升本公司原油产量、天然气产量为活动对象构建两化融合生态系统,以有利于两化融合更深层次贯彻。

工业经济的三个视角是:

- 价值网络——产品研制是价值增值的主要环节;
- 资源环境——以装备为主,局部资源配置优化;
- 组织生态——科层制组织模式。

数字经济三个视角是:

- 价值网络——全价值链延伸;
- 资源环境——基于互联网开放平台,全局资源配置优化;
- 组织生态——动态组织网络。

2)两化融合生态系统核心要素

数据、技术、业务流程和组织结构是两化融合的四个核心要素。数据要素涉及数据采集、数据传输与存储、数据分析与数据挖掘等;技术要素涉及工业技术、信息通信技术、服务技术等;业务流程要素涉及流程的起点、终点,输入、输出,关键环节及相互关系等;组织结构要素涉及部门设置、人员匹配、职责界定等。

推进两化融合,在操作层面主要体现为从组织生态(主体)、价值

网络（客体）、资源环境（空间）出发，不断推进数据、技术、业务流程、组织结构四要素互动创新和持续优化。

3）两化融合生态系统发展阶段

两化融合发展进程是从组织生态、价值网络、资源环境三个视角出发，四要素互动创新和持续优化的过程及结果在时间维度上的投影，可分为数字化、网络化、智能化三个螺旋式上升的发展阶段。

为务实推进"共享中国石油"顶层设计，实现油田的数字化转型和智能化发展，西南油气田公司围绕两化融合总体目标，紧密结合主营业务，全力建设以"岗位标准化、属地规范化、管理数字化"和"自动化生产、数字化办公、智能化管理"两个"三化"为特色的油气田。

（1）数字化阶段。

基本现状：中国两化融合发展当前总体处于数字化阶段，主要任务为推动生产、经营、管理、服务等活动和过程的数字化，主要作用体现为实现原有工作方式和模式在特定业务领域或环节的局部优化，其复杂度和难度相对较低，主要特点是"规范化"，相关活动和过程仍以串行为主，需要从工作主体（组织生态）、工作客体（价值网络）、工作环境（资源环境）等方面统筹推进，涉及数据、技术、业务流程、组织结构四个核心要素。

数字化阶段围绕各个要素的重点如下：

● 数据：重点加强特定业务领域或环节的数据开发利用，数据较少跨接应用，数据的价值逐步得到重视。

● 技术：以数字化技术为基础，加强特定业务领域或环节对应相关技术和信息技术的创新融合，支持提高相关资源的利用效率。

● 业务流程：重点加强特定业务领域或环节内的业务流程优化，一般不涉及跨业务领域或环节的流程优化。

● 组织结构：重点加强业务部门或特定管理层级内的组织结构优化，一般不涉及跨业务部门和管理层级的组织调整。

（2）网络化阶段。

主攻重点：加速进入网络化阶段是中国两化融合当前的工作重

点,主要任务为推动生产、经营、管理、服务等活动和过程的集成与互联,主要作用体现为实现原有工作方式和模式跨业务领域或环节的整体优化,其复杂度和难度相对较高,涉及技术、业务流程、组织结构等核心要素。

网络化阶段围绕各个要素的重点如下:

● 数据:重点加强跨业务领域或环节的数据开发利用,数据价值得到充分体现和高度重视,成为核心资产。

● 技术:以网络(互联网)技术为基础,加强业务领域或环节的相关技术和信息技术的创新融合,支持相关资源全面整合和跨界优化利用。

● 业务流程:关键在于加强跨业务领域或环节的流程重组,通过流程化打破业务壁垒、组织壁垒,实现价值创造过程的优化。

● 组织结构:关键在于加强跨业务部门和管理层级的组织变革,涉及利益格局和职权的重新分配,难度和挑战大。

(3)智能化阶段。

未来方向:智能化是两化融合发展的共同目标和方向,主要任务为全面推动组织内、组织间的生产、经营、管理、服务等活动和过程的智能化,主要作用体现为实现原有生产、经营、管理及服务方式和模式全方位、颠覆式变革,不断催生新业态、新模式,培育形成新的产业生态体系,其复杂度和难度较高,主要特点是"动态化",相关活动和过程以网络化动态组织为主,聚焦组织生态、价值网络、资源环境三个方面,既注重各方面相关活动的全面智能化,更注重各方面主客体及相关活动之间的协同与融合,数据、技术、业务流程、组织结构四方面核心要素的协同范围和协同复杂度进一步提高。

智能化阶段围绕各个要素的重点如下:

● 数据:围绕新业态、新模式和新产业体系建设,加强以数据为新驱动要素的数据开发利用,切实发挥数据这一新驱动要素的发动机作用。

● 技术:以智能技术为基础,加强推动相关技术和信息技术全面、深度创新融合,信息物理系统成为有机整体,支持相关资源的动态平衡和实时优化。

● 业务流程:按用户需求和价值创造要求,加强动态流程重组和价值网络的实时优化。

● 组织结构:加强网络化动态组织管理模式,推动开放写作和共享成为全新组织管理的基本形态。

4)两化融合生态系统——产业升级金字塔

新一代信息技术向各产业领域的加速渗透融合,推动了产业基础设施、生产/工作方式、创新模式的持续变革,促进了产业数字化、网络化及智能化发展。

5)两化融合生态系统——智能制造金字塔

产业升级金字塔在制造业领域也有具体体现。制造企业实现从数字化到网络化再到智能化的转型体现为从数字化制造、网络化制造到智能化制造的逐步发展过程。

6)与国外其他参考架构的比较分析

这里选择两化融合生态系统、工业 4.0 参考架构、工业互联网参考架构、智能制造生态体系进行比较分析。

相同点一:各参考体系架构均是立足本国产业发展优势提出的产业未来发展的概念模型,均是以本国产业优势为切入点,以高度抽象的方式展示产业变革发展的核心理念、关键要素、通用路径、方法工具的概念模型,可作为产业未来发展的顶层设计。

相同点二:均突破了传统工业理论对产业发展规律和边界的认知,融入了信息时代的新理念、新规律和新方法,是聚焦于新工业革命背景下的产业变革开展的理论方法创新,突破了传统工业理论对产业发展规律和边界的认知,充分吸收了信息时代的思维方式和理论方法。

相异点一:与其他参考架构不同的是,两化融合生态系统从融合的角度阐释了工业化与信息化交互协同的理念方法及关键特征。

相异点二:两化融合生态系统充分结合了中国产业转型升级和创新发展的丰富实践及理论探索,与其他参考体系架构相比,既有共通之处,又有独到之处。其共通之处在于聚焦领域多以制造业为主,且都具有适应自身的架构维度;两化融合生态系统将组织生态、价值网络、资源环境分别作为其主体架构、客体架构、空间架构,这也是它的独到之处。

7)与国内其他参考架构的比较分析

这里主要选择智能制造系统架构、工业互联网体系架构、信息物理系统进行比较分析。

相同点:总体定位都是以建设制造强国为出发点。两化融合是制造强国建设的主线,智能制造是制造强国建设的主攻方向和制高点,工业互联网是智能制造的新型基础设施,信息物理系统是支撑两化深度融合的一套综合技术体系。

相异点一:具有不同的架构维度。两化融合生态系统以组织生态为主体架构,以价值网络为客体架构,以资源环境为空间架构;智能制造系统架构的主体架构、客体架构、空间架构分别为生命周期、系统层次、智能功能;工业互联网体系架构的主体架构、客体架构、空间架构分别为网络、数据、安全;信息物理系统则没有固定的架构维度。

相异点二:两化融合生态系统采用 GB/T 23000—2017,GB/T 23001—2017 和 GB/T 23020—2013 参考标准模型。

4.1.3 两化融合标准体系

1)两化融合标准体系的产生

以方法论标准为引领是世界各国推进产业创新发展的基本思路和共同手段,也是中国规范两化融合发展、引领两化融合水平提升的基本路径和重要抓手。两化融合管理体系标准是引导组织强化变革管理、系统推进量化融合的通用方法论,通过贯标将一套系统化、可操作的两化融合管理方法论导入组织日常运营,解决信息化条件下战略转型怎么干、怎么干好的问题,加快组织变革、模式创新、生产方式的转变,提升组织的核心竞争能力。

2）两化融合标准体系的组成

两化融合标准体系由以下几类标准组成:

（1）通用共性标准。这类标准是支撑两化融合的通用标准,适用于各环节、各领域及各发展阶段。包括总体、数据、技术、业务流程、组织结构、信息安全等。

（2）基础设施标准。这类标准引导第三方服务商结合组织竞争力提升、产业转型升级发展需求,研制提供适应组织及产业发展现状、面向不同发展阶段水平的两化融合发展基础设施。包括装备（工业装备）、软件（工业软件）、网络（工业互联网）、平台（智能服务平台）、信息物理系统。

（3）产品生命周期标准。这类标准主要是从产品或服务的市场生命周期角度提出的,支撑产品全生命周期管理所需的标准。包括产品生命周期数字化、产品生命周期网络化、产品生命周期智能化。

（4）企业（组织）管控标准。这类标准是聚焦企业（组织）内部管控,规范企业（组织）中信息技术和相关技术融合,指导不同管控层级业务集成互联,实现跨企业（组织）协同所需的标准。包括企业（组织）管控数字化、网络化、智能化标准。

（5）产业链标准。这类标准是聚焦企业（组织）间、跨领域的集成与协同,从产业链价值创造角度提出,支撑产品或服务价值增值,服务于产业价值链的标准。

（6）行业应用标准。通用共性、基础设施、产品生命周期、企业（组织）管控、产业链等通用标准无法满足行业应用需求时,可进一步结合行业特色进行细化和扩展并形成行业应用标准。

4.2 西南油气田两化融合生态系统及标准体系发展阶段

西南油气田两化融合起始于 20 世纪 90 年代,经历了探索起步、单项应用、集中建设和集成应用四个阶段。

第一阶段：探索起步阶段。

20 世纪 90 年代，随着信息网络技术的迅速发展和普遍应用，西南油气田从构建局域网等基础设施开始，逐步提高技术和网络的普及应用程度，并开始涉及基础应用系统建设，但主要以工资报表系统、成本管理系统等数字报表的应用为主，且数据存放在独立的计算机系统内。

第二阶段：单项应用阶段。

进入 21 世纪，西南油气田加快了信息网络化建设的步伐，在信息基础设施建设、信息资源利用、应用系统推广、信息技术服务、信息系统的规范化管理和运作等方面均有较大的进步。一是在网络建设方面，初步建成了覆盖西南油气田机关及所属二级单位的办公计算机网络系统；二是在信息系统建设方面，重点开展了电子邮件系统、OA、企业信息门户等股份公司统建系统的推广应用，同时开展了生产运行管理信息系统、物资管理信息系统、工程造价管理信息系统、天然气营销管理信息系统、安全生产巡检综合管理信息系统等公司自建信息系统的建设，支撑了各业务部门的单向业务需求；三是 21 世纪初期通过世界银行贷款项目，引进了 Landmark，Schlumberger，Paradigm，CGG 和 Jason 等 20 余家国际知名软件公司的 30 多类地学（油气勘探开发科学）综合研究应用软件，以及 IBM，SUN 和 SGI 等多家计算机硬件设备，科研水平得到大幅提升；四是在信息安全方面，遵循中油股份制定的相关信息安全系统政策指导初步制定了相应的管理制度，实现了主要机房防火、防雷和机房监控报警等的设备或系统的安装，部署计算机病毒防护系统服务器端软件，对西南油气田内的所有计算机及服务器进行严密监控，制定了网络基本的访问控制策略；五是在规范化管理和运作方面，基于股份公司的相关标准及规范，制定了西南油气田适用的运行管理制度，初步建立了财务、生产、钻井数据的基础数据采集制度，促进了各单位基础资料、基础数据的电子化工作。

但由于各系统在最初开发时没有统筹规划,缺乏统一的数据标准和接口,各业务系统之间的联系不够紧密,存在数据采集重复、数据源不唯一、数据共享难、业务支撑单一、基础数据管理难度较大等问题,造成了"信息孤岛"现象。

第三阶段:集中建设阶段。

西南油气田经过"十一五""十二五"两个阶段的信息化建设,逐步实现了专业数据和业务信息的数字化、生产管理和业务流程的信息化,初步实现了系统集成应用。

"十一五"期间,西南油气田推广应用了集团公司勘探与生产成果数据管理系统、油气水生产数据管理系统、ERP 系统、视频会议等统建系统,同时结合自身实际需求,对生产运行、规划计划、节能节水等业务和相关基础设施进行了信息化建设及完善,初步建成了覆盖主要业务领域、各管理层级的业务信息系统和基础设施,为西南油气田的生产、经营、管理和科研等主要业务工作提供了信息支撑平台。

"十二五"以来,西南油气田信息化工作持续以深化"两化融合"为管理创新的强有力抓手,以数据整合、应用集成创新为手段,以服务勘探开发生产为主线,大力推进数字化气田建设步伐,经过各部门、各单位的共同努力,西南油气田场站数字化系统、SCADA 系统全面建成,数据服务系统和部分专业应用系统上线运行,应用逐步深入,为助推西南油气田在信息化条件下安全生产、提质增效、稳健发展奠定了坚实的基础。一是基本建成"云网端"基础设施系统,场站数字化覆盖率达到 82%,为气田初步实现"单井无人值守＋中心井站集中控制＋远程支持协作"的生产管理方式提供了有力的技术支撑;二是建成了基于 SOA 技术架构的公司级数据整合与应用集成平台,实现了全面的数据服务和技术支撑,为西南油气田数字化气田建设、深化应用和运维管理水平的提升奠定了扎实的基础;三是中石油总部统建的 A1（2.0），ERP（2.0）和 A5 等系统以及西南油气田自建的工程技术管理、设备综合管理等专业系统上线运行,全面建成了龙王庙特大气藏和长宁页岩气两大数字化气田示范工程,开启了数字化办公、智能化管理新模式;四是以 ERP 为核心的经营管理系统的深化应用,实现了物资供应链、设备、开发项目、油气价值链等的全生命周期管理,促进了经营业务从分散管理向集中管控和应用集成转变,西南油气田经营管理水平再上新台阶;五是西南油气田信息安全管控能力持续增强,主干网连通率达 99.5%,应用系统正常运行率达 99.92%,信息系统实现 7×24 小时安全稳定高效运行;六是西南油气田信息化工作考核总成绩在中石油勘探与生产领域名列前茅,连续第 8 年荣获集团公司"信息化工作先进单位"荣誉称号。

第四阶段:集成应用阶段。

"十三五"期间,西南油气田数字化气田建设开始跨入集成应用阶段,坚持以两化融合作为管理创新的强有力抓手,强化业务主导,着力抓好顶层设计、基础建设、集成应用和体系保障。西南油气田已启动油气生产物联网完善、作业区数字化管理平台、勘探开发生产动态管理平台、勘探开发一体化协同研究及应用平台等 10 余项建设工程项目,确保数字化气田"两步走"目标的实现。到 2018 年,初步建成数字化油气田,基本建成覆盖全部生产现场的油气生产物联网和作业区数字化管理平台,实现作业区以下的自动化生产和数字化办公;到 2020 年,全面建成数字化油气田,初步建成智能油气田示范,全面建成覆盖全部生产现场的自控系统,实现勘探、开发、管道、生产运行、经营管理各主营业务领域核心业务流程信息化管理,不断提升自动化生产、数字化办公、智能化管理水平,为建成 300 亿战略大气区提供强有力的信息化支撑。

面对如今石油行业低油价的形势,西南油气田突出创新驱动技术,推动勘探效率提高、单井产量提高、投资成本降低、单位运行成本降低。针对四川盆地天然气井安全生产风险高、隐患类型多、管控难度大的问题,所形成的气井安全风险定量评价技术、井屏障重建技术、天然气井安全弃置技术、全井筒井屏障检测与诊断系列技术、气井安全风险智能管控技术在 10 余年的时间中达到了国际领先水平。

第5章 西南油气田两化融合整体架构

在日益严峻的市场形势下,西南油气田公司设立了长期的、循序渐进的两化融合建设目标。在历史性发展机遇面前,公司针对天然气市场需求急迫、投资量巨大等困难和挑战提出了"三步走"发展目标,成为建立两化融合整体架构的核心支柱。为了解决往哪走、做什么、怎么做的问题,公司又建立了两化融合管理体系基本框架,即在了解企业的战略循环、要素循环、管理循环前提下,明确可持续竞争优势、领导作用以及做出相应的策划。基于西南油气田的基本情况,公司也制定了"年年有进步"的分阶段建设目标,力争用两年的时间通过第一次监督审核,并获得国家两化融合管理体系贯标奖励,争取在四川树立两化融合标杆型企业。

5.1 两化融合建设目标

西南油气田是全国重要的天然气能源基地,所提出的"三步走"发展目标使西南油气田公司迎来了难得的发展机遇。在历史性发展机遇面前,公司也面临着天然气市场需求急迫、投资工作量巨大、增储上产见效周期长、保供任务红线压力大之间的矛盾持续向紧、高质量发展与安全环保管理并重、专业发展能力与产能建设战略目标不匹配、核心专业人员紧张与严控用工规模政策相冲突等问题,给公司发展带来了极大挑战。信息化与工业化的两化深度融合是激活高级生产要素、改造提升传统动能的有力抓手,是破解上述问题的必经之路。

两化融合是一个长期、循序渐进、动态调整和持续优化的过程。西南油气田公司2017年通过两化融合管理体系评定,已经具备了两化融合持续推进的基础,但是在实践过程中还存在一些问题,如:全员认识不统一,实施阻力大;相关技术、业务流程与组织不受控、不规范、不相匹配；管理体系的各管理域之间缺乏互动协同；技术、业务流程和组织的同步创新不足；缺乏评估诊断和改进的机制方法，管理不闭环，改进不持续等。以上问题是两化融合推进过程中必然遇到的现象，也是必须要解决的，因为两化融合创造价值的过程实质上是跨部门完成的，需要经过两化融合管理体系从纵向职能分工向横向协同整合转变。

5.2　两化融合管理体系基本框架

5.2.1　两化融合管理体系基本框架解决的问题

两化融合管理体系的基本框架主要解决往哪走、做什么和怎么做的问题。往哪走，是要说清楚企业的战略循环，即战略—可持续竞争优势—新型能力的逻辑支撑。做什么，是要说清楚企业的要素循环，即解决企业需要充分发挥哪些要素的作用，数据、技术、业务流程、组织结构形成互动的螺旋式上升。怎么做，是要说清楚管理循环，即从策划到支持实施与运行、到评测、到改进的逻辑实现路径。

中国两化融合服务联盟与工业和信息化部两化融合管理体系联合工作组发布的《两化融合管理体系的理论和基本框架 v17.0》中提出的两化融合管理体系基本框架如图 5-1 所示。

（1）往哪走？战略循环（战略—可持续竞争优势—新型能力）。组织的战略应充分融入两化融合的发展理念，识别内外部环境的变化，并明确与战略相匹配的可持续竞争优势需求，通过打造信息化环境下的新型能力，获取预期的可持续竞争优势，实现战略落地。通过对战略循环过程进行跟踪评测，寻求战略、可持续竞争优势和新型能力互动改进的优势。

（2）做什么？要素循环（数据—技术—业务流程—组织结构）。围绕拟打造的新型能力及其目标，通过发挥技术（包括但不限于信息通信技术、管理技术、服务技术、能源技术、应用领域技术等）的基础性作用，优化业务流程、调整组织结构，并通过技术来实现和规范新的业务流程和组织结构。不断加强数据开发利用，挖掘数据这一核心要素的创新驱动潜能,推动和实现数据、技术、业务流程、组织结构四要素的互动创新和持续优化。

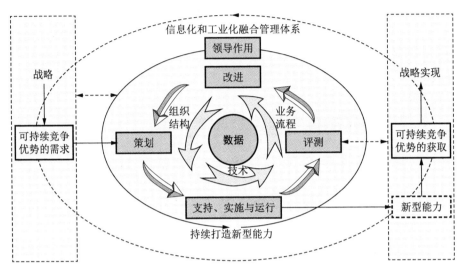

图 5-1　两化融合管理体系基本框架

（3）怎么做？管理循环（策划—支持、实施与运行—评测—改进）。围绕数据、技术、业务流程与组织结构四要素,充分发挥领导的核心作用,建立策划,支持、实施与运行,评测与改进管理机制,规范两化融合过程,推动新型能力的螺旋式提升,稳定获取预期的竞争优势。

5.2.2　两化融合管理体系基本框架解读

5.2.2.1　可持续竞争优势

组织应深刻认识影响其可持续发展的内外部环境变化,按照标准的要求建立、实施、保持和改进两化融合管理体系,以打造信息化环境下的新型能力,获取与组织战略相匹配的可持续竞争优势。

识别组织的内外部环境。组织应识别与其战略、可持续竞争优势有关的各种外部和内部因素,且应对这些外部和内部因素的相关信息进行分析和确定。

以获取与组织战略匹配的可持续竞争优势为关注焦点。在识别和确定可持续竞争优势需求方面,将两化融合作为贯穿战略始终的重要内容,并将可持续竞争优势的需求与战略相匹配。在获取可持续竞争优势方面,通过对信息化环境下的新型能力进行策划、实施、运行、评测与改进,确保获取与组织战略相匹配的可持续竞争优势。

两化融合管理体系中的体现:确定两化融合管理体系的范围;建立、实施、保持和持续改进两化融合管理体系;保留两化融合管理体系的文件化信息。

5.2.2.2　领导作用

领导作用体现为确保两化融合管理体系的建立、实施、保持和改进。

(1)最高管理者。只有最高管理者才能确保将两化融合在组织战略层面进行安排和部署;只有最高管理者始终紧跟信息化时代发展潮流,才能确保组织的战略及两化融合总体上实现与时俱进。

(2)两化融合的方针。围绕组织战略、获取可持续竞争优势和打造新型能力的要求,确定企业两化融合行动纲领。

(3)管理者代表。管理者代表只有满足相关要求,才能推动两化融合有效地服务于组织所有相关职能。这些要求包括:经过充分授权;不断提升自身综合素质;对两化融合相关工作进行合理统筹和坚强执行。

(4)协调与沟通机制。两化融合的创新性、专业性、实践性都很强,与企业所有职能和层次均紧密相关,覆盖面广、渗透度深;两化融合推进过程中存在大量的协调与沟通工作,其有效性对两化融合的成败至关重要;通过协调与沟通机制确保相关工作得到及时、合理、有效的协调与沟通,实现充分信息共享,取得共识,形成合力。

5.2.2.3　策　划

1)新型能力的识别与确定

组织应围绕可持续竞争优势需求,按照所形成的规定对拟打造的新型能力及其关键指标进行识别、调整、评审和确定,并保留文件化信息。组织确定的新型能力应能够有效支撑其获取预期的可持续竞争优势。为充分、稳定获取可持续竞争优势,组织宜规划并形成系统性的新型能力体系。

2)新型能力目标的确定

组织应根据拟打造的新型能力建立新型能力目标,并按照所形成的规定进行调整、评审和确定。新型能力目标应是具体的、可测量的、可实现的且有时间要求的。

3)两化融合实施方案的策划

组织应围绕拟打造的新型能力策划两化融合实施方案,明确数据、技术、业务流程、组织结构互动创新和持续优化的需求和实现方法,以有效实现预期目标。组织应形成策划两化融合实施方案的规定,包括确定策划的方法与过程、责任人和参与人的职责和权限等。

4)西南油气田公司信息化环境下新型能力的识别确定及两化融合实施方案策划

(1)从解读西南油气田公司企业发展战略开始。公司通过"十一五"和"十二五"发展规划的编制、实施、修订实践,逐步形成了公司的战略管理体系。

- 分析与决策:信息搜集、分析、决策。
- 确定总体规划/目标:总体规划、目标预测、确定总目标。
- 确定子规划/子目标:目标分解、制定子规划、整合。
- 行动:行动计划、行动。
- 测量/预测:结果测量、绩效预测。
- 战略评审:结果分析、评审。
- 战略调整:影响因素分析、调整决策。

调整战略纲要、总策划/总目标(公司绩效)、分(子)规划/子目标(部门/单位绩效)、行动计划/行动目标(行动/工作绩效),最终达成战略结果/组织绩效。

（2）可持续竞争优势需求的识别与确定。

● 取势：外部分析包括行业趋势分析、跨界影响分析，以及竞争对手变化、对标分析、利益相关者分析；内部分析包括企业两化融合水平分析、企业发展目标和资源分析。

● 明道：明确企业使命、愿景、战略；理清行业关键成功要素、行业五力模型、价值链，分析客户需求及差距；分析确定现有竞争优势，确定未来需要的可持续竞争优势；确定变革和提升关键需求，分析识别资源现状和需求。

● 优术：确定新型能力建设方向和优先顺序。

（3）可持续竞争优势的识别与确定。

● 技术研发：掌握核心技术，形成主要市场的技术主导权。

● 产品：提升产品的稳定性和可靠性。

● 制造：建设响应快速和运营高效的专业化主制造基地。

● 品牌：提升品牌知名度，市场全球化。

● 人才：建设国际化、跨行业人才、百人精干团队。

● 集团管控：实施有效管控、科学决策与评价。

（4）信息化环境下新型能力的识别与确定。公司信息化环境下新型能力识别见表 5-1。

表 5-1　信息化环境下新型能力识别

可持续竞争优势需求	信息化环境下新型能力需求	状　态
技术开发优势	跨行业平台化产品和服务研发能力	已完成
	高效协同的研发管理能力	已完成
产品优势	敏捷高效供应链集成能力	正在打造
	精益制造管控能力	已完成
	全面质量管理能力	正在打造
制造优势	敏捷高效供应链集成能力	正在打造
	精益制造管控能力	正在打造
	财务管控能力	已完成
品牌优势	营销能力	已完成
	全面质量管理能力	正在打造

续表

可持续竞争优势需求	信息化环境下新型能力需求	状　态
人才优势	人力资本管理能力	已完成
集团管控优势	财务管控能力	已完成
	决策支持能力	正在打造
	流程管理能力	正在打造
	协同办公能力	已完成
	信息安全长效保障能力	已完成
	IT 治理能力	已完成
	主数据管理能力	正在打造

（5）新型能力目标的确定。

总体目标：2015 年至 2017 年是集成提升阶段，两化融合总体得分不小于 75 分；2017 年至 2020 年是创新突破阶段，两化融合总体得分不小于 90 分。

新型能力目标包括：

● 体系融合创新：将两化融合管理体系与卓越绩效管理体系进行融合创新。

● 生产周期：减少 20%；生产及时交付率提升到 98%；人均劳动产值达到 410 万／年；一次交检合格率达到 98%；设计问题年度及时闭环率达到 95%；研发产出效率提升 10%；产品成本全年节约 500 万元。

（6）工作的重点。

一方面，将高效协同的研发管理能力作为本次新型能力建设的重点之一，为高效协同的研发管理能力进行策划。

● 战略驱动：从公司战略可以看出，公司战略需要进行产业扩张，需要高效协同的研发管理能力。

● 产品要求：高质量、低成本、短周期，已有基础。

● 战略要求：提升技术协同能力、管理协同能力、知识协同能力。

三个专项支持：

● 生命周期管理（PLM）系统深化改进：PLM 系统是支持产品全

生命周期信息的创建、管理、分发和应用的一系列应用解决方案,能够集成与产品相关的人力资源、流程、应用系统和信息。以构建规范、高效的研发协同管理平台为目标,紧密跟随 IPD 建设步伐,从业务持续改进要求落地、专题操作效率提升、数据统计分析能力提升、跨业务过程集成、EDA 库建设五个方面深化改进研发过程管理平台。

● 项目管理系统(PMS)改造:以提升核心资源、多项目计划协同管理能力为目标,打造模板化、流程化驱动的项目全过程管控平台,形成组织级多项目计划协同与核心资源协同管理平台。

● 知识管理分层分级(KM)建设:以提升知识协同能力为目标,以既有的知识管理体系框架及知识管理平台为依托,组织从体系化研发单元子库构建、知识内容建设、知识间流向等模块开始优化建设平台。

另一方面,将精益制造管控能力作为本次新型能力建设的重点之一,为精益制造管控能力进行策划。

精益制造从精益生产和精益管理两个角度对从计划、采购到生产的整个流程体系进行优化,并运用信息化手段进行支撑。

5.2.2.4　支　持

两化融合覆盖组织全局,涉及全员、全要素,范畴覆盖研发信息化、基础网络和自动化、过程控制、系统集成、经营管理和决策信息化等。应识别两化融合管理体系及其过程所需要的内外部支持条件和资源,并围绕新型能力的打造进行统筹配置、评估、维护和优化。为确保支持条件和资源的持续提供,组织应评估其适宜性和有效性,并寻找改进机会。

(1)资金投入。围绕新型能力的打造、保持、持续改进,对相关资金投入与使用进行统筹安排和优化调整,并确保资金投入与使用的合理性、适度性和及时性。

(2)人才保障。两化融合过程引入的新技术、新方法、新理念会引发相关职能和岗位的职责调整,对人员提出新的能力和素质要求。

应明确两化融合相关的人才保障制度。

（3）设备设施。设备设施的自动化、数字化、网络化和智能化水平对整体业务协同和管理精细化具有重大价值。应围绕新型能力要求，统筹安排设备设施的提供、维护和升级改造；应充分发挥设备设施对组织综合集成和新型能力提升的作用。

（4）信息资源。信息资源逐渐成为组织的战略性基础资源，是企业当前和未来获取及保持可持续竞争优势的核心要素。组织的两化融合水平越高，信息资源管理能力越强，价值越大。应明确信息资源的保障制度，包括组织内部和组织之间信息资源的采集、共享和有效利用。

（5）信息安全。加强信息安全保障的重要性、必要性和紧迫性已在企业中达成共识。应明确信息安全的保障制度，确保增强全员的信息安全意识，提升技术条件和设备设施保障水平，提高安全事件处理能力。

5.2.2.5 实施与运行

根据两化融合实施方案，主动管理实施与运行过程，确保稳定获取预期目标。业务流程与组织结构优化，即优化方案的制定、执行、监督与控制；技术实现方案的制定、技术获取、监督与控制；数据开发利用方案的编制、数据的开发利用、监督与控制；匹配与规范化，数据、技术、业务流程、组织结构的匹配性调整以及规范化与制度化；全过程的运行控制。

（1）业务流程与组织结构优化。业务流程与组织结构优化往往涉及管理变革和利益调整，执行难度大、风险高，是技术作用充分发挥、两化融合取得实效的关键。应明确业务流程与组织结构优化的责任方，形成优化方案，加强执行管理和风险控制。

（2）技术实现。新型能力及其目标实现，业务流程和组织结构优化最终都离不开技术的应用和支持。应明确技术实现的责任方，形成技术方案，加强技术获取管理和执行控制。

（3）数据开发利用。数据开发利用可以加速技术、业务流程、组织结构的同步创新,其他要素的发展也会为数据的开发利用创造新的机会和起点。应明确数据开发利用的责任方,形成数据开发利用方案,加强开发管理和风险控制。

（4）匹配与规范化。数据开发利用、技术实现、业务流程与组织结构优化间的匹配是新型能力及其目标实现的关键。在合适的时间范围内开展数据、技术、业务流程、组织结构的匹配性调整,调整完成后实现成果固化和制度化。

（5）运行控制:随着数据、技术、业务流程、组织结构的制度规范化,运行控制更加重要。应制定适宜的程序,确保正式运行的风险得到有效防范。

5.3　两化融合建设路线

2017 年西南油气田公司启动两化融合管理体系贯标工作,在原有油气生产过程、油气生产经营效益、作业区数字化、油气生产设备精细化信息基础上,公司开展了油气生产管道一体化管控能力的建设,大大提升了两化融合能力。公司制定了"年年有进步"的分阶段建设目标,力争用两年的时间通过第一次监督审核,并获得国家两化融合管理体系贯标奖励,争取在四川树立两化融合标杆型企业。

第6章 西南油气田两化融合实施路径

西南油气田公司根据制定的两化融合实施与运行总则,对业务流程和组织结构进行优化,在技术实现方面进行全面提升,数据利用率上升。两化融合体系建设在推进过程中不断得到总结和改进,取得了良好的实施运行成效,总结出了一套行之有效的实施路径。

西南油气田公司以《中国石油西南油气田公司两化融合实施过程管理办法(实行)》为总则,成立了完整的两化融合组织体系;根据《中国石油天然气股份有限公司机构编制管理办法》和《西南油气田公司业务流程管理实施细则》实现对业务流程和组织结构的优化控制;通过《中国石油西南油气田公司两化融合实施过程管理办法(试行)》规范技术实现;通过《中国石油西南油气田公司勘探与生产数据管理办法》《西南油气田公司勘探与生产数据管理系统(A1)应用和运行维护实施细则》《西南油气田公司油气水井生产数据管理系统(A2)应用和运行维护实施细则》规范数据开发及利用;设立信息管理部为主责部门,企管法规处和相关单位为协管部门,对匹配性与规范性进行管控;发布《西南油气田公司信息机房管理办法》《西南油气田公司通信管理办法》《西南油气田公司生产运行管理信息系统运行管理办法》《中国石油西南油气田公司信息门户网站管理办法》《西南油气田公司天然气管道及场站数据管理系统运行维护管理办法》《中国石油西南油气田公司网络与信息安全突发事件专项应急预案》等管理制度和《西南油气田公司勘探与生产 ERP 应用集成系统应用与运维管理实施细则》《西南油气田公司电子公文系统运行维护管理实施细则(试行)》《西南油气田公司生产网信息基础资源运维管理实施细则》《西南油气田公司地震勘探成果图形库应用和运行维护实施细则(试行)》等实施细则,以维护公司信息系统正常运行。

6.1　两化融合的实施与运行

西南油气田公司围绕拟打造的信息化环境下的新型能力,根据两化融合实施方案,对公司两化融合管理体系及两化融合工作的实施过程加以控制,以确保新型能力目标和年度目标得以实现。

6.1.1　总　则

按《中国石油西南油气田公司两化融合实施过程管理办法(试行)》执行。

(1)运用过程方法和系统方法,策划形成两化融合实施方案,以业务流程为导向,实现从规划计划、项目建设、制度匹配、业务流程和组织结构优化、运行维护、数据开发利用到动态调整的全过程管理,确保两化融合实施过程的实效性和有效性。

(2)两化融合实施过程持续受控,主要体现在规划、年度计划以及项目建设等方面的审查审批。

(3)全员全过程参与信息化和工业化融合工作,并通过人才保证制度激发全体员工参与公司创新的热情,以确保过程控制有效可靠。

(4)与供方,包括咨询、技术、设备、系统集成、运行维护等相关方,形成以新型能力目标实现为导向的沟通合作机制,确保供方深度参与,使双方合作过程有效可控。

6.1.2　两化融合组织体系

西南油气田公司高度重视两化融合工作,成立了由最高管理者、管理者代表、信息管理部、规划计划处、财务处等业务管理处室及通信与信息技术中心(以下简称信通中心)、勘探开发研究院、川中油气矿、重庆气矿等所属二级单位相关部门组成的两化融合组织体系,如图 6-1 所示。

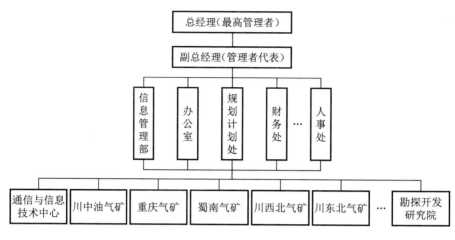

图 6-1　组织体系结构图

1）最高管理者职责

（1）在公司战略层面统筹推进两化融合，协调解决两化融合工作重大事项，向员工传达推进两化融合以获取可持续竞争优势的重要性和必要性。

（2）制定公司两化融合方针和目标，确保有效获取与组织的战略相匹配的可持续竞争优势。

（3）负责任命两化融合管理者代表并充分授权，以确保其有效发挥组织协调、统筹落实的领导作用。

（4）推动并支持其他相关管理者在其职责范围内发挥领导作用。

（5）负责建立健全职责与协调沟通机制。

（6）确保两化融合管理体系及其过程融入公司的经营管理活动。

（7）负责组织两化融合管理评审。

（8）确保支持条件和资源保障到位。

2）管理者代表主要职责

（1）确保两化融合管理体系得以建立、实施、保持和改进。

（2）提出公司两化融合相关决策建议。

（3）组织识别信息化环境下的新型能力及其目标。

（4）统筹落实信息化环境下新型能力的策划、打造、保持、持续改进的过程,以确保其有效性。

（5）应用信息通信技术推动技术、业务流程、组织结构的优化、创新和变革,持续提升数据的开发利用能力。

（6）向最高管理者报告两化融合管理体系的运行情况和改进建议。

（7）提升公司全员对打造信息化环境下新型能力的意识。

3）信息管理部主要职责

（1）负责公司信息化工作领导小组办公室日常工作。

（2）负责组织贯彻落实国家和集团公司信息化工作的法律法规、规章制度和相关技术标准,组织制修订公司两化融合管理相关制度、标准、规范。

（3）负责组织编制信息化发展规划、年度计划、经费预算,组织信息化发展规划实施,组织年度工作计划执行情况的检查。

（4）负责组织制定两化融合方针和总体目标,规划和完善新型能力体系及目标。

（5）负责组织信息技术类项目立项审查、可行性研究、初步设计等环节涉及的信息技术标准规范和技术方案的审查,负责组织阶段成果检查。

（6）负责组织跨多业务领域两化融合项目的试点建设和推广应用。

（7）负责组织编制公司信息系统运行维护年度计划和经费预算。

（8）负责组织开展信息系统总体控制、信息安全相关工作。

（9）负责对公司所属单位两化融合工作进行业务指导和监督管理,组织公司两化融合内审和管理评审工作。

（10）负责组织两化融合培训、交流工作。

4）规划计划处主要职责

负责下达两化融合项目的前期工作计划、可行性研究和初步设计审批、投资计划等。

5）财务处主要职责

负责两化融合工作中费用化项目资金预算的审核、资金拨付、资金使用的监督检查，负责指导公司信息系统、通信系统运维费用预算编制工作，负责批准后相关预算拨款。

6）企管法规处（内控与风险管理处）主要职责

负责指导两化融合项目建设过程中的业务流程梳理，负责审查系统固化的业务流程是否符合内控要求。

7）公司机关业务管理部门主要职责

（1）负责本业务领域两化融合相关标准、规范的宣贯执行。

（2）负责确定本业务领域两化融合新型能力及年度目标。

（3）负责提报本业务范围内两化融合项目建设需求计划，负责项目建设过程中的业务指导，组织审定项目建设需求。

（4）负责根据业务实际提出系统运行维护需求，负责系统应用安全管理。

（5）负责组织本业务领域两化融合项目的上线试运行验收。

（6）负责组织本业务领域的数据开发利用。

8）信通中心主要职责

（1）参与公司信息化发展规划以及相关制度、标准、规范的编制。

（2）负责实施公司在用信息系统运行维护管理和安全防范工作。

（3）负责信息系统总体控制和应用系统控制实施工作。

（4）负责对公司和所属二级单位两化融合项目建设和运维提供技术指导、技术保障。

（5）负责与基础设施、生产运行、经营管理、综合办公相关的统建统推两化融合项目建设及实施过程中的技术支持，负责办公网、生产网的信息基础资源统一规划和管理，负责中国石油西南区域数据中心运行管理。

（6）负责与勘探开发业务、地理信息系统相关的统建统推两化融合项目建设及实施过程中的技术支持。

9）公司所属二级单位主要职责

（1）执行公司信息系统建设、应用和运维工作相关技术标准和规范。

（2）负责编制本单位两化融合策划与实施运行管理细则。

（3）负责本单位两化融合项目的立项申报、前期工作和建设实施。

（4）负责组织开展信息系统上线前的数据准备、用户培训和系统运行期数据常态化管理工作。

（5）负责本单位信息系统运行维护和信息安全工作。

（6）负责本单位两化融合数据资源的收集、运行维护及开发利用。

（7）负责本单位两化融合项目策划和实施运行过程中技术、数据、业务流程和组织机构的有效匹配、规范化与制度化。

（8）负责本单位新型能力目标实现的自我评价和测量，负责本单位内审问题的整改。

6.1.3　业务流程与组织结构优化

为对两化融合管理体系和两化融合业务流程与组织结构优化进行有效控制，西南油气田公司严格执行《中国石油天然气股份有限公司机构编制管理办法》和《西南油气田公司业务流程管理实施细则》，内容包括业务流程的设计、变更、审批和发布以及机构编制职责、管理程序、管理要求。企管法规处是业务流程管理的主责部门，劳动工资处是机构编制管理的主责部门，信息管理部是配合部门，实施主体是两化融合的各相关部门和单位。

1）业务流程与组织结构优化方案

根据策划所输出的业务流程与组织结构优化需求，对现有业务

流程进行梳理和差距分析,对新的业务流程进行设计。在制定业务流程与组织结构优化方式时,应确保:

(1)明确业务流程与组织机构优化的实施主体及相关方的责任和权限,需求得到有效安排和沟通。

(2)新型能力涉及的业务流程职责、部门职责与岗位职责得到合理划分、规定和沟通,并建立职责协同机制。

(3)按照规定的程序确认和批准优化方案,公司优化方案由业务流程、组织结构和信息化主管部门领导确认,并得到公司主管领导审核批准。

2)业务流程与组织结构优化的执行

业务流程和组织结构优化过程中公司采取必要和适宜的措施,加强与相关方的充分沟通。应确保:

(1)兼顾相关职能和层次的利益,与利益相关方充分沟通,妥善处理实施与执行过程中的分歧,达成共识。

(2)涉及业务流程和组织结构调整的部门应编制本部门业务流程与组织结构调整工作计划,同时在信息系统中实现业务流程和组织结构的配套调整。

(3)应适当保持实施与执行的文件化信息。

3)业务流程与组织结构优化的监督与控制

为有序推进业务流程与组织结构的优化,公司确保以下行动都在受控的条件下进行:

(1)确保获得优化过程中的动态信息,采取召开会议等适当的方式,掌握执行进度、变更、相关方反馈等动态信息,确保按优化方案有序推进业务流程和组织结构优化。

(2)识别在实施业务流程和组织结构优化过程中存在的潜在风险,制定应对措施,确保业务流程和组织结构优化过程中的冲突和风险得到有效预防和处理。

(3)应适当保持监督与控制的文件化信息。

6.1.4　技术实现

西南油气田公司在《中国石油西南油气田公司两化融合实施过程管理办法（试行）》中明确规定技术方案、技术获取、监督与实施等管理要求。信息管理部是主责部门，两化融合相关业务主管部门和所属单位是技术方案、技术获取的参与和执行部门。

1）技术方案

（1）主管业务部门组织项目建设单位和相关所属单位进行系统总体架构设计，编制系统总体架构设计报告。系统总体架构设计应注重顶层设计，包括系统总体布局、软件系统总体结构、数据存储的总体设计、计算机和网络系统方案的选择、系统模块结构设计等。

（2）项目建设单位组织编制系统详细方案设计报告，经业务主管部门审查（需包括业务流程与组织结构优化的主管部门），由信息管理部组织专家审定后实施。详细方案设计应明确系统总体架构、业务流程和功能模块、软硬件方案、数据应用模型及标准、备份及安全保密、相关部门的责任和权限等内容。

2）技术获取

技术获取是根据业务流程与组织结构优化方案和技术方案进行实施的过程。信息管理部是主责部门，信通中心是协助部门，公司业务主管部门和单位是相关责任部门。

为保证技术获取的有效性，公司在《中国石油西南油气田公司两化融合实施过程管理办法（试行）》中规范了技术获取过程，应确保：

（1）必要基础资源的数字化和标准化。在公司推进两化融合过程中要对存放在各种载体的数据资源进行数字化和标准化，责任部门对各自范围内的信息资源进行整理、汇总后，合理选择获取途径。

（2）所获取技术的有效性。应用主体人员全程参与技术获取过程，尤其是采取共同开发、外包等获取方式时，项目建设单位应选派技术骨干参与方案设计、系统开发、配置等关键环节技术实现过程。

（3）业务主管部门会同项目建设单位组织用户培训工作，将必要的技术知识及时转移到应用部门和岗位,编制用户培训教材,包括必要的技术文档、操作手册等。公司应用主体人员须全程参与培训并严格考核。

3)技术实现的监督与控制

公司对技术实施进行全程监控,信息管理部是主责部门。

(1)获取技术实现过程中的动态信息。信息管理部定期召开项目建设专题例会,会议结束编写会议纪要或会议宣传报道,跟踪和控制技术实现的计划、进度、质量、调整变更的执行情况及相关反馈等动态信息。

(2)项目建设单位自行组织项目中期验收,参与系统测试,并保留相关记录。

(3)项目建设单位应有效防范技术风险,识别和评价技术实现过程中潜在的风险并对其进行有效控制。

6.1.5　数据开发和利用

为加速技术、业务流程和组织结构的同步创新和持续优化,西南油气田公司建立了与之配套的《西南油气田分公司数据管理办法(试行)》《中国石油西南油气田公司勘探与生产数据管理办法》《西南油气田公司勘探与生产数据管理系统(A1)应用和运行维护实施细则》《西南油气田公司油气水井生产数据管理系统(A2)应用和运行维护实施细则》等制度,规范两化融合工作数据开发利用管理。

1)数据开发利用方案

信息管理部是两化融合工作数据开发利用的主责部门,信通中心是协同部门,业务主管部门和所属各单位是数据开发的主体。在初步设计(需求分析、概要设计)和详细设计阶段,业务主管部门和项目建设单位应在设计报告中说明数据开发利用需求及解决方案,数据开发利用方案需与业务流程及组织结构优化相关的主管部门进行沟通确认。

2）数据的开发利用

（1）业务主管部门会同项目建设单位在两化融合项目的详细设计方案中要对新建的数据应用模型进行设计，信通中心对新建数据应用模型进行技术应答，提出技术解决意见。

（2）业务主管部门会同信通中心对现有勘探开发数据资源进行累积、抽取、整合和重构，建立面向服务的数据资源池或数据仓库。

（3）适宜时，利用外部的数据服务或开发内部的数据为外部提供服务。

3）数据开发利用的监督与控制

（1）明确数据的产生、采集、入库、审核、发布、服务、考核等环节中相关责任部门、岗位人员的职责和权限，确保动态信息能有效获得。

（2）有效识别数据开发利用过程中的风险，制定控制措施，并保留相关记录。

6.1.6　匹配与规范

为实现两化融合工作目标，要加强技术、业务流程、组织结构的匹配性。信息管理部是本条款的主责部门，企管法规处和相关单位是协管部门。

1）数据、技术、业务流程、组织结构的匹配性调整

在信息系统业务流程与组织结构优化、技术实现后，公司在试运行期间应做好技术、业务流程、组织结构匹配性调整。

（1）试运行前，由项目建设单位组织完成上线准备工作，包括项目已通过测试，完成数据转换、参数配置、培训等工作，各类文档完整。

（2）制定上线试运行维护方案，明确在合理的时间范围内开展试运行。

（3）试运行期间，业务主管部门、项目建设单位应做好信息系统

检查和检验,对系统运行状态进行监控、评估和分析,进一步完善系统配置和运行维护计划。

（4）试运行期间,识别技术、业务流程、组织结构、数据开发利用等优化调整需求,确保在正式上线运行前实现数据、技术、业务流程、组织结构的有效匹配。

2）技术、业务流程与组织结构的规范化与制度化

公司做好技术、业务流程与组织结构有效匹配后,应关注:

（1）确定技术、业务流程、组织结构的规范性文件。企管法规处、信息管理部、劳动工资处和各部门、单位,识别、制定或修订相关的管理、业务岗位、技术等规范性文件,必要时建立与之匹配的信息技术标准。信息技术标准的立项、起草、批准、发布按照《西南油气田公司标准化管理实施细则》要求执行。

（2）执行《西南油气田公司规章制度管理实施细则》《文件控制程序》,以确保匹配后的技术、业务流程与组织结构相关文件及时有效地得到控制、执行。

6.1.7 运行控制

为规范公司两化融合管理体系和两化融合工作实施过程中的运行维护管理,西南油气田公司建立了《西南油气田公司信息机房管理办法》《西南油气田公司通信管理办法》《西南油气田公司生产运行管理信息系统运行管理办法》《中国石油西南油气田公司信息门户网站管理办法》《西南油气田公司天然气管道及场站数据管理系统运行维护管理办法》《中国石油西南油气田公司网络与信息安全突发事件专项应急预案》等管理制度,《西南油气田公司勘探与生产ERP应用集成系统应用与运维管理实施细则》《西南油气田公司电子公文系统运行维护管理实施细则（试行）》《西南油气田公司生产网信息基础资源运维管理实施细则》《西南油气田公司地震勘探成果图形库应用和运行维护实施细则（试行）》等实施细则以及关键信息系统应急预案,保证技术、业务流程、组织结构的有效匹配及制度

性文件的有效执行。

（1）公司两化融合管理体系和两化融合运行维护的主责部门是信息管理部，协同单位是信通中心，业务主管部门和所属各单位是两化融合管理运行维护的执行部门。

（2）运行维护的对象是两化融合工作覆盖的信息资源、设备设施、应用系统、集成平台等。

（3）信息系统运行维护工作按照两级运行维护体系实施。第一级由信通中心运行维护，承担中国石油集团公司统建和公司自建信息系统维护。第二级为所属单位运行维护队伍，承担信息系统的现场运行维护工作。

（4）信息系统建成后，业务主管部门应制定专项信息系统运行维护实施细则，明确故障处理及应急响应机制，必要时建立专项应急预案。

（5）信通中心利用信息技术手段，建立并不断完善 ITIL 运维管理平台，设立 7×24 小时的帮助热线支持，实现动态采集，监视运行维护的相关数据和信息，开展统计，针对运行维护中的薄弱环节制定相应措施，不断提高预防性维护水平，以保证两化融合管理体系和两化融合技术系统持续稳定可靠。

6.2　两化融合管理体系实施运行情况

6.2.1　两化融合整体推进成效

6.2.1.1　两化融合管理体系贯标达标情况

为明确公司信息化存在的短板和突破方向，通过打造信息化环境下的新型能力，获取公司可持续竞争优势，助力公司战略目标实现，2017 年西南油气田启动两化融合管理体系贯标工作，成为国家级两化融合管理体系贯标试点企业，并于同年首次通过两化融合贯标评定。2018 年，在原有油气生产过程一体化智能管控、油气生产经营效益实时评价、作业区数字化管理效率提升、油气生产设备精细化管理等能力的基础上,公司开展了油气生产管道一体化管控能力建设,并于 2019 年通过第一次监督审核,获得成都市两化融合管理体系贯标奖励。

6.2.1.2 新型能力识别及建设成效

1)已识别的新型能力需求

(1)油气生产过程一体化智能管控能力。面向油气生产全过程,基于 SOA 技术架构,利用物联网技术、自动化技术、数据集成技术建立油气生产全过程多单元远程监控、多业务协同、井筒完整性评价与预警等功能的一体化管控系统,实现"单井无人值守、中心井站集中控制、远程协作支持"生产管理新模式,实现单井生产—处理净化—管道输送—终端销售的全业务链实时生产动态的分级、实时管控,提升油气生产全过程安全管控水平,提高生产效率,降低运营成本,形成以"生产自动化、管理协同化"为核心的油气生产过程一体化智能管控能力。

(2)油气生产经营效益实时评价能力。发挥产运储销一体化优势,充分利用勘探开发 ERP 系统、油气水井生产数据管理系统(A2系统)、生产运行系统、财务管理信息系统(FMIS)、营销管理信息系统等数据资源,基于财务指标计算逻辑,形成气田的成本费用分摊规则和计算方法,建立可对项目整体效益进行动态跟踪和评估的系统。对新建项目均进行项目效益评价,以强化生产和经营数据的集成和动态分析,提高效益评价的实时性和准确率,确保产销平衡、以销定产,提高内部收益率,提升公司生产经营决策能力。

(3)作业区数字化管理效率提升能力。借助物联网、移动应用、大数据技术手段,推动以"岗位标准化、属地规范化、管理数字化"为目标的作业区数字化、信息化建设,实现作业区生产巡回检查、常规操作、分析处理、维护保养、检查维修(施工作业)、变更管理、属地监督、作业许可、危害因素辨识、物资管理等十大关键业务流程的简化、优化和信息化,优化作业区生产组织模式,全面提升作业区生产管理效率。

（4）油气生产设备精细化管理能力。基于场站综合评价，利用物联网技术，以设备精准运维、动态管控为目标，实现设备物联信息自动采集、关键设备远程控制、安防设施全面覆盖，设备动静态信息达到标准化管理水平，促进设备科学健康管理，确保设备在公司勘探开发生产运行过程中的效能最大化。

（5）油气生产管道一体化管控能力。以集输气管道运行状态多级监控、管道外部风险有效防控、管道完整性管理为目标，利用物联网、自动化、无人机、移动终端、视频人形识别及物品移动侦测等技术，实现阀室数字化监控，关键设备远程可控，高风险点安防设施全面覆盖，管道数据标准化、电子化管理，不断提升管道巡护工作质量及增强管道监控能力，确保集输气管道的安全平稳运行。

（5）勘探开发一体化业务协同能力。建设勘探开发生产一体化管理业务应用平台，全面支撑从矿权、储量、物探／井筒工程到油气藏工程、产能建设、采油气工程、油气集输、天然气净化等的公司上游核心业务，通过网络化成果共享、流程化业务管理、平台化工作应用的新型模式，实现勘探、开发全业务链数字化管理，整体提升公司勘探、评价、开发、生产一体化业务协同能力。

（6）科研协同创新能力。利用 SOA 技术、云平台搭建一体化研究环境，深化应用勘探开发数据资源，支撑油气藏、井筒与管道等专业科研攻关，实现油气藏科研标准统一、高效协同、数据和成果共享，科学指导一线生产，最终达成多专业、多部门、跨地域协同研究与深度融合，全面提升科研协同创新能力。销售结构优化、价格方案设计等市场营销决策参考，全面支撑公司天然气营销量价同增。

（7）市场分析与营销决策支持能力。通过搭建市场分析与营销决策支持服务平台，利用宏观环境研判、经济数据分析、大数据处理等手段，提升公司天然气市场销售和终端燃气业务的信息化、智能化管理水平，重点提供市场需求预测、价格承受能力分析、销售结构优化、价格方案设计等市场营销决策参考，全面支撑公司天然气营销量价同增。

2）新型能力建设取得的成效

（1）打造油气生产过程一体化智能管控能力。西南油气田着力抓好物联网系统的完善建设和井筒完整性管理系统、生产数据平台、预警可视化系统的深化应用，全面提升油气生产过程一体化智能管控能力。一是提升场站数字化系统覆盖率和数字化场站远程可控率，降低生产井异常关井井次。以川中油气矿磨溪开发部为例，2017年底共有68座井、站、阀室，生产场站数字化系统覆盖率100%、远程可控率90%。截至2018年1月共有81座井、站、阀室，通过2018年实施的龙王庙物联网系统完善建设工程，目前数字化系统覆盖率和远程可控率均已达到100%。2017年井站内连锁设备异常自动关断共导致生产井关井停产15次，2018年截至11月共有8次，预计年内控制在10次以下。二是提升数据全面性、可用性。从设备硬件及基础数据配置完善方面，提升生产实时数据入库率；从数据治理方面，发挥生产数据平台数据统一管理的功能，提升生产实时数据点表映射符合率，数据映射点位数由2 438个增至6 206个，比率保持在100%。三是提升井筒完整性管理综合效率。通过将油气水生产数据管理系统、生产运行系统以及井口抬升等相关数据集成到井筒完整性管理系统，实时更新、统一发布，提升井筒完整性管理综合效率。目前已将井筒完整性评价、预警、措施制定、施工设计、效果评估等过程管理周期持续保持在40天。四是新增环空带压预警准确率。通过油气井管道站库生产运行安全环保预警可视化管理系统大数据模型与生产实时数据的结合应用，实现环空带压预警，提升环空带压预警准确率至98%。

（2）打造油气生产经营效益实时评价能力。西南油气田着力抓好五个匹配项目的深化应用，全面提升油气生产经营效益实时评价能力。一是实现项目全生命周期管理。自项目全生命周期管理系统上线后，通过手工录入、报表导入以及ERP系统与钻井数据库、A2系统、产能建设数据库的集成，投资计划、产能建设、钻井工程、地面工程、井站生产等数据全部进入系统管理,形成了完整的项目管理数据库,保障项目数据完整性达到 100%,实现在同一个平台上开展多维度业务分析,定制业务分析报表,为管理人员实时掌握项目全貌提供技术支撑平台,以实现建设项目结算、生产成本管理和销售收入管理等主要财务工作流程的信息化管理。二是全项目实现效益实时评价。气藏天然气开发项目,管理钻井项目和地面建设项目数高速增长,已全部纳入项目全生命周期管理系统管理。通过相关系统中产能数据的及时更新,钻完井数据、生产数据每月一次的同步更新,满足业务部门效益评价的实际需求,实现实时评价投资效益。三是辅助支撑业务管理部门决策。通过设定全生命周期管理项目收入、成本、费用归集与分摊规则,对成本费用进行计算,并根据项目的投资、成本、收入、现金流等数据评估项目效益,及时调整项目投资。

（3）打造油气生产设备精细化管理能力。西南油气田通过设备综合管理系统、物联网完善、作业区数字化管理平台等系统建设和勘探开发 ERP 2.0 系统、生产数据管理平台深化应用,搭建设备精细化管理平台,规范设备管理程序,实现设备物联信息自动采集、关键设备远程控制、安防设施全面覆盖,设备动静态信息达到标准化管理水平。设备精细化管理从基础管理、运行管理、业务流程管理上得到提升。一是设备基础管理系统化,实现设备数据标准化、网络化。通过设备相关系统的建设及资料的管理,实现了设备从计划、选购、监造、验收、安装、调试、投产资料的全面收集及设备技术档案、基础台账的网络化,构建了统一、规范的设备数据标准,为设备全过程综合管理分析提供了有力的数据保障,支持设备管理各环节管理决策。设备技术文档电子化档案入库率由以前的 43% 提升至 70%。二是设备运行管理数字化,实现设备运行过程实时掌控。通过物联网工程建设实现设备运行数据的实时自动采集,使业务人员能够实时了解设备运行状态,在降低设备巡查强度的同时实现对设备的实时管控,达到对设备维护、故障处理的提前介入,减少发生不必要的故障,全面提升管理人员对设备的及时管控能力,确保设备平稳、安全运行。公司关键设备运行方面,关键设备操作维护标准信息化覆盖率由36%提升至56%,关键设备数字化覆盖率由28%提升至35%,数字化关键设备远程可控率达到48%,关键设备电子巡检覆盖率由76%提升至95%。在实现对设备实时掌控的同时积极开展设备故障智能预警、智能诊断,辅助设备精细化管理,缩短设备停机时间,提升设备运行效率。三是设备管理业务流程信息化,实现设备管理业务过程精细化。将设备设施巡回检查、常规操作、分析处理、维护保养、变更管理、作业许可等九大设备管理业务流程信息化,实现设备设施管理业务网络分发工单,操作步骤有确认、操作环节有监督、操作数据有收集、操作结果有验收,设备精细化管理水平大幅提升,达到预期目的。

（4）打造作业区数字化管理效率提升能力。西南油气田以作业区数字化管理平台应用、物联网建设完善工程为契机,将一线站场分散、多级的传统生产组织模式向"中心站管理＋单井无人值守＋远程控制"转变,促进了作业区数字化管理效率大幅提升。一是通过作业区数字化管理平台的深化应用,将生产场站巡回检查电子化覆盖率由以前的69%提升至76%;生产场站故障转变为线上跟踪,线上处置有效率提升50%;通过平台进行现场作业属地监督,有效率提升20%。作业区日常巡检由传统的井站每日人工巡井、录取数据转变为中控室集中监控、中心站电子巡井、实时数据采集,延长了无人值守井站巡井周期。通过作业区数字化管理平台的应用,大幅提高了工作质量与效率。二是通过物联网完善建设项目,生产场站数字化系统覆盖率提升至88%,生产站场远程可视化覆盖率由69%提升至76%;通过物联网技术的应用,让员工能够及时、准确、连续地掌握生产动态,实现生产现场的自动连续监控,确保人员、设备的安全和生产平稳运行。

（5）打造油气生产管道一体化管控能力。一是运行管理,通过物联网完善工程等匹配项目的开展,实现监控阀室数字化覆盖率从64%提升到73%,监控阀室远程可控率从54%提升到64%,增强阀室的数字化管理水平、管道截断装置的远程控制能力,通过SCADA

系统对管道运行情况实行多级监控,保障管道内部安全、高效运行。二是巡护管理,借助 GPS 巡检、无人机巡检、视频监控等信息化手段,实现管道电子巡检到位率从 80% 提升至 85%,监控阀室视频监控率从 16% 提升至 38%,重要集输气管道高后果区管段视频监控率从 0%提升至 48%。保障管道巡护工作"全天候、全覆盖",提高管线的防控手段,及时发现和掌握影响管道安全外部的因素,实现管道第三方破坏"0"次的目标。通过运行管理和巡护管理能力的提升,确保集输气管道失效率低于每年每千米 0.4 次。三是完整性管理,通过电子沙盘信息系统的应用提升数据的全面性和可用性,实现管道数据标准化、电子化,动静态管理信息的"可看、可查、可交互",提升数字化管理水平,管道完整性管理资料、数据入库率保持 100%,多措并举全面实现管道一体化管控。

6.2.2　两化融合组织体系与职责

6.2.2.1　两化融合组织体系

西南油气田公司成立了由最高管理者、管理者代表等业务管理处室及信通中心、勘探开发研究院、川中油气矿、重庆气矿等所属二级单位相关部门组成的两化融合组织体系。

西南油气田两化融合管理组织成立以来,组织结构与其对应职责经历多次调整。2017 年,总经理签署《中国石油西南油气田公司两化融合管理手册》批准令,作为西南油气田两化融合管理体系纲领性、约束性文件,正式成为全体员工必须遵守的行为准则,同时任命一位副总经理为两化融合管理者代表。2018 年,西南油气田就两化融合组织体系设置及相关职责进行调整。在第一次监督审核期间,以总经理为管理者代表,两化融合组织体系设置及相关职责进行相应调整。在两化融合工作逐步深入推进的过程中,西南油气田对两化融合管理组织结构与职责不断完善与优化,并将领导职责、部门职责、岗位职责及业务流程职责等重要内容在管理手册中予以明确。

西南油气田两化融合组织体系设置如图 6-2 所示。

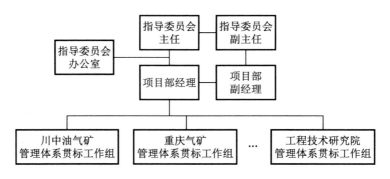

图 6-2 西南油气田两化融合组织体系设置

最高管理者授权任命管理者代表,结合原有部门职能,有效落实两化融合管理体系相关职能,明确两化融合推进部门及关键部门的职责并建立协调沟通机制,以确保体系建设有效推进;关注从战略出发识别可持续竞争优势及新型能力的需求,制定两化融合方针,基本明确两化融合目标,为新型能力的建设提供必要资源,通过会议、邮件等多种方式向全员传达本企业推进两化融合以打造信息化环境下新型能力的重要性和必要性。最高管理者组织进行管理评审。

管理者代表在两化融合相关的决策建议方面有较好的发言权,能够有效推进公司两化融合管理体系的建立、实施、保持和改进,能够向最高管理者定期或不定期报告两化融合管理体系的绩效和改进需求,能够采取培训、考核等方式提升公司全员对打造信息化环境下新型能力的意识,能够应用信息技术手段推动技术、业务流程、组织结构的优化、创新和变革,持续提升数据的开发利用能力。管理者代表参与对新型能力的优化过程,确定方案,协调实施过程的资源,并组织完成两化融合管理体系内部审核。

6.2.2.2 主要业务部门职责

1)信息管理部

负责公司信息化工作领导小组办公室日常工作;负责组织贯彻落实国家和集团公司信息化工作的法律法规、规章制度和相关技术标准;组织制修订公司两化融合管理相关制度、标准、规范;负责组织编制信息化发展规划、年度计划、经费预算,组织信息化发展规划实施,组织年度工作计划执行情况的检查;负责组织制定两化融合方针和总体目标,规划和完善新型能力体系及目标;负责组织信息技术类项目立项审查、可行性研究、初步设计等环节涉及的信息技术标准规范和技术方案的审查,负责组织阶段成果检查;负责组织跨多业务领域两化融合项目试点建设和推广应用;负责组织编制公司信息系统运行维护年度计划和经费预算;负责组织开展信息系统总体控制、信息安全相关工作;负责对公司所属单位两化融合工作进行业务指导和监督管理;组织公司两化融合内审和管理评审工作;负责组织两化融合培训、交流工作。

2)规划计划处

负责下达两化融合项目的前期工作计划、可行性研究和初步设计审批、投资计划等。

3)财务处

负责两化融合工作中费用化项目资金预算的审核、资金拨付、资金使用的监督检查;负责指导公司信息系统、通信系统运维费用预算编制工作;负责批准后相关预算拨款。

4)企管法规处(内控与风险管理处)

负责指导两化融合项目建设过程中的业务流程梳理;负责审查系统固化的业务流程符合内控要求。

5)公司机关业务管理部门

负责本业务领域两化融合相关标准、规范的宣贯执行;负责确定本业务领域两化融合新型能力及年度目标;负责提报本业务范围内两化融合项目建设需求计划;负责项目建设过程中的业务指导;组织审定项目建设需求;负责根据业务实际提出系统运行维护需求;负责系统应用安全管理;负责组织本业务领域两化融合项目的上线试运行验收;负责组织本业务领域的数据开发利用。

6）信通中心

信通中心参与公司信息化发展规划，以及相关制度、标准、规范的编制；负责实施公司在用信息系统运行维护管理和安全防范工作；负责信息系统总体控制和应用系统控制实施工作；负责对公司和所属二级单位两化融合项目建设和运维提供技术指导、技术保障；负责与基础设施、生产运行、经营管理、综合办公相关的统建统推两化融合项目建设及实施过程中的技术支持，负责办公网、生产网的信息基础资源统一规划和管理，负责中国石油西南区域数据中心运行管理；负责与勘探开发业务、地理信息系统相关的统建统推两化融合项目建设及实施过程中的技术支持。

6.2.2.3　公司所属二级单位主要职责

执行公司信息系统建设、应用和运维工作相关技术标准和规范；负责编制本单位两化融合策划与实施运行管理细则；负责本单位两化融合项目的立项申报、前期工作和建设实施；负责组织开展信息系统上线前的数据准备、用户培训和系统运行期数据常态化管理工作；负责本单位信息系统运行维护和信息安全工作；负责本单位两化融合数据资源的收集、运行维护及开发利用；负责本单位两化融合项目策划和实施运行过程中技术、数据、业务流程和组织机构进行有效匹配、规范化与制度化；负责本单位新型能力目标实现的自我评价和测量；负责本单位内审问题的整改。

6.2.3　两化融合管理体系实施运行情况

6.2.3.1　文件化管理体系

西南油气田公司根据两化融合管理体系的要求，结合公司实际，编制了两化融合管理手册、程序文件等体系文件，并在原有体系文件的基础上按照《信息化和工业化融合管理体系　要求》（GB/T 23001—2017）对原有两化融合管理手册和程序文件进行重新修订，使文件化管理体系基本符合标准要求和公司两化融合工作实际。

为保证两化融合管理体系的实施运行，制定了一系列保障体系运行的相关制度文件。文件清单见表 6-1。

表 6-1　西南油气田公司两化融合管理体系相关制度文件清单

一级条款	二级条款	体系策划	归口管理部门
4　可持续竞争优势	4.1　总则	《两化融合管理手册》XNY/LHRH·SC—2017（引用）	信息管理部
	4.2　识别组织的内外部环境		
	4.3　以获取与组织战略相匹配的可持续竞争优势为关注点		
	4.4　两化融合管理体系	《文件控制程序》XNY/QG·01—2017（引用）	企管法规处
		《西南油气田公司规章制度管理实施细则》西南司企法〔2015〕1 号（引用）	企管法规处
		《西南油气田公司基础工作管理办法》西南司企〔2008〕36 号（引用）	企管法规处
		《西南油气田公司公文处理办法》西南司办〔2014〕18 号（引用）	办公室
		《西南油气田公司合同管理实施细则》西南司法〔2014〕29 号（引用）	企管法规处
		《西南油气田公司档案工作管理细则》西南司办〔2018〕20 号（引用）	办公室
5　领导作用	5.1　最高管理者	《两化融合管理手册》XNY/LHRH·SC—2017（引用）	信息管理部
	5.2　两化融合方针		
	5.3　管理者代表		
	5.4　职责与协调沟通	《中国石油西南油气田公司工作规则》西南司办〔2016〕6 号（引用）	办公室
		两化融合领导职责、部门职责、岗位职责及业务流程职责	
		西南油气田公司组织机构图	

续表

一级条款	二级条款	体系策划	归口管理部门
5 领导作用	5.4 职责与协调沟通	西南油气田公司两化融合管理体系职能分解表	
		《西南油气田公司业务流程管理实施细则》西南司企〔2010〕21号（引用）	企管法规处
6 策划	6.1 新型能力的识别与确定	《两化融合管理手册》XNY/LHRH·SC—2017（引用）	信息管理部
	6.2 新型能力目标的确定		
	6.3 两化融合实施方案的策划	《西南油气田公司两化融合实施过程管理办法》西南司信息〔2017〕5号（引用）	信息管理部
		《西南油气田公司信息技术项目管理办法（试行）》西南司信息〔2019〕13号（新增）	信息管理部
		《西南油气田公司对外投资公司建设项目管理指导意见》西南司法〔2008〕38号（引用）	资本运营部
7 支持	7.1 总则		
	7.2 资金投入	《西南油气田公司规划工作管理办法》西南司计〔2014〕48号（引用） 《西南油气田公司地面建设项目前期工作管理实施细则（修订）》西南司计〔2012〕41号（引用） 《西南油气田公司投资项目后评价管理实施细则》西南司计〔2014〕9号（引用）	规划计划处
		《西南油气田公司招标管理实施细则》西南司物资〔2015〕14号（引用）	物资设备管理部
		《西南油气田公司工程项目估算、概算、预算和结算管理办法》西南司概算〔2015〕133号（引用）	工程项目造价中心
	7.3 人才保障	《公司机关职能处室及直附属机构主要职责》西南司劳〔2015〕5号等（引用）	劳动工资处

一级条款	二级条款	体系策划	归口管理部门
7　支持	7.3　人才保障	《西南油气田公司员工教育培训管理实施细则》西南司劳〔2019〕17 号（完善）	劳动工资处
	7.4　设备设施	《中国石油西南油气田公司设备管理办法》西南司物资〔2019〕9 号（完善）	物资设备管理部
		《西南油气田公司物资采购管理实施细则（修订版）》西南司物资〔2016〕1 号（引用）	物资设备管理部
	7.5　信息资源	《西南油气田公司勘探与生产数据管理办法》西南司信息〔2017〕7 号（引用）	信息管理部
		《西南油气田公司主数据管理系统应用和运行维护实施细则》西南司信息〔2017〕11 号（引用）	信息管理部
	7.6　信息安全	《西南油气田公司信息安全管理办法》西南司信息〔2017〕9 号（引用）	信息管理部
		《中国石油西南油气田公司（天然气销售西南公司）网络安全监督管理办法（试行）》西南司信息〔2018〕15 号（引用）	信息管理部
8　实施与运行	8.1　总则		
	8.2　业务流程与组织结构优化	《西南油气田公司业务流程管理实施细则》西南司企〔2010〕21 号（引用）	企管法规处
		《中国石油天然气股份有限公司机构编制管理办法》中油人事〔2008〕342 号（引用）	劳动工资处
	8.3　技术实现	《西南油气田公司两化融合实施过程管理办法》西南司信息〔2017〕3 号（引用）	信息管理部
		《西南油气田公司油气田地面建设项目竣工验收管理实施细则》西南司计〔2011〕133 号（引用）	规划计划处
		《西南油气田公司建设项目前期工作管理实施细则（修订）》西南司〔2012〕41 号（引用）	规划计划处

一级条款	二级条款	体系策划	归口管理部门
8 实施与运行	8.4 数据开发利用	《西南油气田公司勘探与生产数据管理办法》西南司信息〔2017〕7号（引用）	信息管理部
		《西南油气田公司主数据管理系统应用和运行维护实施细则》西南司信息〔2017〕11号（引用）	信息管理部
	8.5 匹配与规范	《西南油气田公司建设项目设计变更管理规定（试行）》西南司计〔2010〕125号（引用）	规划计划处
		《中国石油天然气集团公司专利管理办法》中油科〔2009〕182号（引用）	科技处
		《中国石油天然气集团公司技术秘密管理暂行办法》中油科〔2009〕182号（引用）	科技处
		《中国石油天然气集团公司计算机软件著作权管理办法》中油科〔2009〕182号（引用）	科技处
		《西南油气田公司标准化管理实施细则》西南司质〔2013〕67号（引用）	质量安全环保处
		《西南油气田公司建设项目后评价管理实施细则》西南司计〔2014〕9号（引用）	规划计划处
		《西南油气田公司油气生产物联网系统建设规范》西南司信息〔2018〕1号（引用）	信息管理部
		《西南油气田公司人力资源管理系统运行规范》司劳资〔2018〕167号（引用）	劳动工资处
		《西南油气田公司优化人力资源配置办法》西南司劳〔2019〕7号（新增）	劳动工资处
	8.6 运行控制	《中国石油西南油气田公司信息系统运行维护管理办法（试行）》西南司信息〔2019〕24号（新增）	信息管理部

一级条款	二级条款	体系策划	归口管理部门
8　实施与运行	8.6　运行控制	《西南油气田公司信息机房管理办法》西南司信息〔2017〕6号(引用)	信息管理部
		《西南油气田公司光通信系统运行维护管理办法》西南司信息〔2015〕7号(引用)	信息管理部
		《西南油气田公司通信管理办法》西南司信息〔2015〕8号(引用)	信息管理部
		《中国石油西南油气田公司勘探与生产技术数据管理系统(A1)应用和运行维护实施细则》西南司信息〔2019〕2号(完善)	信息管理部
		《西南油气田公司油气水井生产数据管理系统(A2)应用和运行维护实施细则》西南司信息〔2016〕31号(引用)	信息管理部
		《西南油气田公司勘探与生产ERP应用集成系统应用与运维管理实施细则》西南司信息〔2017〕8号(引用)	信息管理部
		《西南油气田公司电子公文系统运行维护管理实施细则(试行)》西南司科〔2009〕13号(引用)	信息管理部
		《西南油气田公司"油气勘探生产信息系统"数据库管理办法(试行)》西南司勘〔2008〕7号(引用)	油气资源处
		《西南油气田公司地震勘探成果图形库应用和运行维护实施细则(试行)》西南司勘〔2014〕26号(引用)	油气资源外
		《西南油气田公司天然气管道及场站数据管理系统运行维护管理办法》西南司开〔2010〕94号(引用)	气田开发管理部

续表

一级条款	二级条款	体系策划	归口管理部门
8 实施与运行	8.6 运行控制	《西南油气田公司HSE信息系统应用及运行维护管理规定（试行）》西南司质〔2016〕48号（引用）	质量安全环保处
		《西南油气田公司营销管理信息系统管理办法》司销〔2005〕23号（引用）	营销部
		《西南油气田公司合同管理系统操作规范》司法〔2009〕17号（引用）	企管法规处
		《网上银行服务系统管理办法》西南司销结发〔2001〕4号（引用）	财务处
		《西南油气田公司突发事件应急管理办法》西南司办〔2016〕21号（引用）	办公室
		《网络与信息安全突发事件专项应急预案》XN-ZX-WL-2016（引用）	信息管理部
		《西南油气田公司生产运行管理信息系统运行管理办法》司生〔2006〕12号（引用）	生产运行处
		《西南油气田公司信息门户网站管理办法》司办〔2009〕27号（引用）	办公室
		《西南油气田公司人力资源管理系统实施细则》司劳〔2009〕5号（引用）	劳动工资处
		《西南油气田公司生产网信息基础资源运维管理实施细则》西南司信息〔2015〕9号（引用）	信息管理部
		《中国石油西南油气田公司移动应用平台管理实施细则（暂行）》西南司信息〔2018〕3号（引用）	信息管理部
		《中国石油西南油气田公司办公网络管理办法》西南司信息〔2018〕4号（引用）	信息管理部

一级条款	二级条款	体系策划	归口管理部门
8　实施与运行	8.6　运行控制	《西南油气田公司生产运行管理平台应用与运维管理实施细则》西南司生〔2018〕72 号（引用）	生产运行处
		《地震勘探成果图形库应用和运行维护实施细则（试行）》西南司勘〔2014〕26 号（引用）	油气资源处
		《勘探开发生产动态管理平台应用与运维管理实施细则》西南司信息〔2018〕20 号（引用）	信息管理部
		《中国石油西南油气田公司采油与地面工程运行管理系统应用和运维管理实施细则》西南司信息〔2018〕17 号（引用）	信息管理部
		《西南油气田公司云平台应用与运维管理实施细则》西南司信息〔2019〕11 号（新增）	信息管理部
9　评测	9.1　总则		
	9.2　评估与诊断	《两化融合管理手册》XNY/LHRH·SC—2017（引用）	信息管理部
	9.3　监视与测量		
	9.4　内部审核	《西南油气田公司两化融合管理体系审核管理办法》西南司信息〔2017〕4 号（引用）	信息管理部
	9.5　考核	《西南油气田公司两化融合实施过程管理办法》西南司信息〔2017〕5 号（引用）	信息管理部
		《西南油气田公司所属单位 2017 年度业绩合同控制类指标配套考核细则》司劳资〔2017〕54 号（引用）	劳动工资处
		《西南油气田公司内部控制运行评价考核实施细则》西南司企〔2010〕20 号（引用）	企管法规处
		《西南油气田公司绩效管理办法》西南司劳〔2018〕3 号（引用）	劳动工资处

一级条款	二级条款	体系策划	归口管理部门
9 评测	9.5 考核	《中国石油天然气集团公司管理人员违纪违规行为处分规定》中油监〔2017〕44号（引用）	监察处（纪委办公室）
		《西南油气田公司信息化工作考核实施细则（试行）》西南司信息〔2017〕17号（引用）	信息管理部
	9.6 管理评审	《管理评审控制程序》XNY/ZA·08—2017（引用）	质量安全环保处
10 改进	10.1 不符合、纠正措施和预防措施	《纠正与预防措施控制程序》XNY/ZA·07—2017（引用）	质量安全环保处
	10.2 持续改进	《两化融合管理手册》XNY/LHRH·SC—2017（引用）	信息管理部

6.2.3.2 新型能力识别及策划机制

新型能力需求的识别和确定机制为：公司信息管理部组织有关业务部门和信息技术支撑单位编制年度信息化项目前期工作建议计划，明确新型能力匹配项目，必要时进行调整。

对竞争优势的各项因素进行综合分析时，将竞争力的具体表现进行跨时间、跨职能、跨层次的积累、清理和重构，根据具体业务情况，通过标杆对比、优势分析等定量、定性方法，识别出公司需打造的新型能力。在此基础上，组织有关业务部门和信息技术支撑单位编制年度信息化项目前期工作建议计划，明确新型能力匹配项目，并由规划计划处综合平衡后纳入公司工作计划下达实施，确保新型能力打造的落地。

西南油气田公司战略、竞争优势与新型能力匹配关系图如图6-3所示。

信息管理部是公司新型能力目标的制定和实施管理主责部门，对公司新型能力目标、新型能力年度目标制定进行管理。管理者代表审核公司新型能力目标和新型能力年度目标。信息管理部每年通过内部审核、管理评审等工作对可持续竞争优势的需求进行识别、调整、评审和确定。每两年组织对信息化发展规划执行情况及其对业务的适应性进行评测,根据需要对信息化发展规划进行滚动调整,报公司信息化工作领导小组审定。各业务部门每年年初对新型能力制定或修订年度目标,纳入年度重点工作内容。在新型能力策划的过程中,机关业务部门的参与度较低,还未形成持续滚动识别优化、促进新型能力体系持续打造升级的工作机制,对各项年度目标完成情况的日常监督和考核也没有与员工绩效考核很好结合。

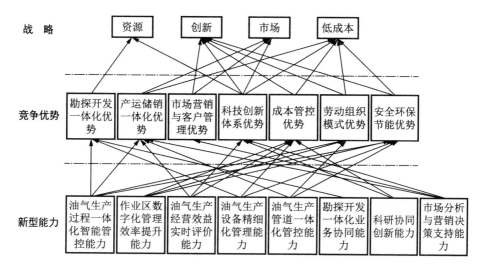

图 6-3　西南油气田公司战略、竞争优势与新型能力匹配关系图

6.2.3.3　新型能力的建设及运行

新型能力的建设及运行主要包括业务流程和组织结构优化、技术应用、数据开发利用的协同管理,以及为打造或提升评定范围内的新型能力、实现新型能力目标,在业务流程、组织结构、技术及数据方面进行的优化与创新。下面以油气生产过程一体化智能管控能力为例进行说明。

1)主要业务流程和组织结构优化调整情况

在龙王庙组气藏建设之初,西南油气田公司便提出了无人值守管理模式的建设要求,配合油气生产过程一体化智能管控能力的建设过程,按照油气生产过程一体化智能管控能力实施方案的策划要求,在磨溪开发项目部物联网完善建设项目、生产数据管理平台、井筒完整性管理、预警可视化等项目实施初期均制定了业务流程优化方案,并通过公司技术实现和数据开发利用主管部门及各相关业务处室的审查。

依托龙王庙组气藏高标准的信息化建设程度以及生产数据管理平台、作业区数字化管理平台、井筒完整性管理系统、预警可视化系统对生产数据的深化应用,磨溪开发项目部依据业务流程优化方案,细化了无人值守管理方案,落实了无人值守实施必要条件,对无人值守管理模式进行了积极探索,构建了"单井无人值守＋区域集中调控＋远程支持"的管理架构,形成了以"电子巡井＋定期巡检＋周期维护＋检维修作业"为主要内容的数字化气田管控模式,在一定程度上解决了传统气藏开发管理模式存在的井站值守人员较多、员工生产生活条件艰苦、报表填报及报送效率低,以及安全生产控制手段单一和缺乏有效预测预警手段的现状。优化后的业务流程实现了中控室到生产一线开采、集输、处理等岗位的扁平化管理,基本满足了无人值守管理模式的建设要求,实现了对井站值守、现场巡检、现场检维修、资料报送、生产运行控制等具体业务流程的优化,初步提供了对生产运行进行预测预警的工具。

西南油气田公司工作场景下的业务流程优化情况见表6-2所示。

表6-2　西南油气田公司工作场景下的业务流程优化情况

工作场景	无人值守实施前	无人值守实施后
井站值守	按实际工作量大小,生产井站6～18人	生产井站无人或少人值守,生产井站0～4人
报表填报及报送效率	采用纸质报表手工填写,月底统一报送	报表自动生成、实时传输
巡井方式	现场人工巡井	中心站电子巡井＋定期巡检
井站巡检周期	生产井站员工每2小时巡检1次	中心井站巡井班员工对生产井站每天巡检1次

工作场景	无人值守实施前	无人值守实施后
简单检维修作业	各井站员工自行完成	中心井站巡井班员工统一完成
安全生产控制	基本依靠井站员工手动控制,缺乏预测预警工具	除巡井班员工手动控制外,更大程度依靠系统内井站关键参数连锁控制、设备远程手动控制,并初步具备有效的预测预警工具
异常工况处置	在异常工况出现后进行处置	提前进行处置,避免出现异常工况

川中油气矿调整了信息站机构及职责,扩充了编制定员,强化了系统运维工作力度。在勘探开发研究所成立了数据管理工作组,进一步推进勘探开发数据管理工作开展。磨溪开发项目部新增信息化运维组,具体负责信息化相关运维方案编制、问题跟踪、日常维护、故障处理等工作。磨溪开发项目部在调控中心增设数据及视频监控、现场受控管理、系统应用监督专职操作岗,共 9 名操作人员,将生产运行数据监控、视频监控、隐患整改、预警响应、应急处置、车辆调度、信息系统应用监督等纳入统一管理与指挥,试行"运行监控、应急处置、隐患管理、应用监督、统一调度"的一体化管控模式,确保"两个现场"生产安全受控。

2）技术实现情况

在技术实现过程中,预警可视化、物联网完善项目与生产数据管理平台建设工程均由建设单位委托中石油内部专业设计单位承担,充分利用公司站场标准化设计、EPDM 主数据模型、预警大数据模型研究的成果,保障设计进度,提高设计质量和标准化水平。

《油气井管道站库生产运行安全环保预警可视化管理系统建设工程初步设计》《川中油气矿磨溪井发项目部物联网完善建设工程初步设计(代可研)》《西南油气田公司油气田生产信息化建设生产数据管理平台建设工程初步设计》经公司业务管理部门、信息管理部门审查后,委托专业咨询公司进行专家组论证,最后由规划计划部门批复执行。施工图设计均委托原初步设计单位开展,保持设计的一致性。项目采用外包方式组织实施,所有物资采购、施工服务均严格按照《中国石油西南油气田公司招标管理实施细则》相关规定进行招标选商工作,相关物资和服务采购技术规格书及技术要求均由相关技术部门审定,保证技术实现的一致性。项目执行过程中,各阶段技术方案的调整和变更均由业务和信息管理部门组织审查,以会议纪要方式明确,有效保障技术实现的一致性,有效管控风险。预警可视化等软件工程类项目的前期与建设均采用招标方式开展,按照国家软件工程相关标准,严把文档规范关,初设、详设等各阶段均由业务和信息管理部门组织审查,未审查不进入下一阶段,保障前期与建设的技术方案的一致性。

在技术实现过程中,公司按照"标准先行、示范引领、全面推广"三阶段有序开展。针对预警可视化项目,信息管理部组织川中油气矿、信通中心协同气田开发管理部、生产运行处、管道管理部等业务部门在北京安全环保研究院前期科研成果的基础上,结合生产现场实际,编制项目建设总体方案,并在设计编制过程中逐步优化预警方案,明确生产、运行、管道等业务预警需求,构建相应预警大数据模型,深化应用模糊数学模型,集成应用生产实时数据,为预测预警工作的持续开展打下基础。

其中,井场异常工况趋势分析提醒模块采用数据趋势分析模型和大数据分析模型两种方法。数据趋势分析模型通过拟合 A 环空压力趋势线对 A 环空异常情况进行预警。数据趋势分析模型运行流程示意图如图 6-4 所示。

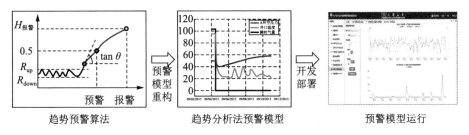

图 6-4　数据趋势分析模型运行流程示意图

大数据分析模型应用 7 维原始生产实时数据,通过 KNN 算法空值填充、方差分析去异常值的方式进行数据清洗,通过标准差法求改变量、信息熵法求信息量的方式去除数据中的无效信息,通过业务特性总结特征、统计特征、互相关特征的方式形成 7 维特征值,最终通过改进后的随机森林算法完成对 A 环空异常情况的预警。大数据分析模型运行流程示意图如图 6-5 所示。

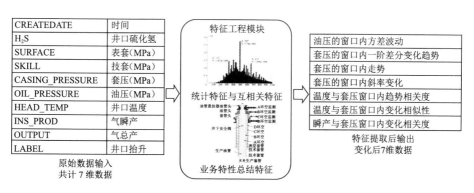

图 6-5　大数据分析模型运行流程示意图

基于多参数融合分析的工况异常预警模块采用模糊数学模型和大数据分析模型两种方法。模糊数学模型采用隶属函数、归一化处理等方法得到各特征参数偏差程度,结合特征参数偏差程度计算结果和权重值构建了异常工况预警模型。大数据分析模型应用 27 维原始生产实时数据,通过多元高斯分布分析去除明显异常值、Iforest 分析去除噪声的方式进行数据清洗,通过欧氏距离判断去除数值重复、皮尔逊相似判断去除趋势重复,通过单维度小波变换、EEMD 多频域分解、统计特征、互相关特征的方式形成 648 维特征值,通过特征选择算法选出 89 维特征值,最终通过决策树算法＋ Adaboost 修正和 LightBGM 算法形成双算法集成模型,完成对工况异常预警的预警。模糊数学模型原理分析如图 6-6 所示。

针对物联网完善项目,信息管理部组织内部信息技术支持单位信通中心修订油气生产物联网系统建设总体技术规范,结合公司开发、生产、管道、设备、安全等管理部门和各主要生产单位、科研单位的数据需求,明确各类场站、各专业实时数据监控范围及实时点号命名规范,形成实时数据采集清单,并明确语音、太阳能供电、通信等辅助设施建设标准,实现公司范围内建设标准的统一。各单位依据该技术规范,结合每个井站的实际工况开展"一站一案"式初步设计、控制建设范围。针对生产数据管理平台建设工程,信息管理部组织内部信息技术支持单位信通中心协同气田开发管理部、生产运行处、管道管理部等业务部门修订勘探与生产数据管理规范、数据库管理技术规范。依据各业务部门和各应用系统项目组所提出的数据需求,明确各应用系统从生产数据管理平台接入数据的清单,同时实现接口规范的统一、数据建设标准的统一、数据交互平台的统一。

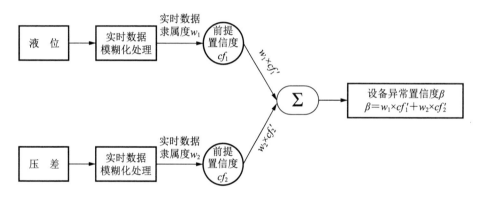

图 6-6 模糊数学模型原理分析

3）数据开发利用情况

围绕数据接口与标准的统一、生产实时数据的采集与应用、设备设施数字化监控和智能预测预警等应用需求,形成数据综合开发利用方案。方案重点强化对实时数据的二次利用、深度应用以及标准化,即除原有的实时监控外,通过实时数据与生产报表系统的直接映射,实现实时、自动生成各类报表,实现员工由人工数据记录、人工数据填报向自动数据填报的转变。同时,基于多设备的实时数据发展关键设备、生产运行情况的智能预测预警能力,提高设备故障短期预警能力,提升设备预防性维护能力,实现油气生产运行过程预测预警能力,并基于 SOA 架构,通过数据治理达到数据标准化。通过在生产数据管理平台建设过程中所确定的数据接口规范,对物联网系统及各应用系统的数据接口进行统一。通过生产实时数据从物联网系统接入后在生产数据管理平台的汇聚、逻辑整合、存储、转换、关联、统一发布,实现数据在同一平台的调用和交互,统一编码规则,大幅提升数据的安全性。

（1）生产实时数据的采集与应用。龙王庙数字化气田物联网系统的生产实时数据是通过信息基础设施的采集,通过生产数据管理平台的汇聚、传输,在生产网和办公网进行生产实时数据组态,实现对生产井、场站装置、集输管网的实时化展示,满足业务人员及时掌握生产动态信息的需求。同时,生产实时数据为油气水井生产数据管理系统（A2）、生产运行系统、井筒完整性管理系统、预警可视化系统等应用系统提供数据支撑,满足各级生产管理人员业务管理的需求。生产数据采集流程和生产现场实时监控如图 6-7 和图 6-8 所示。

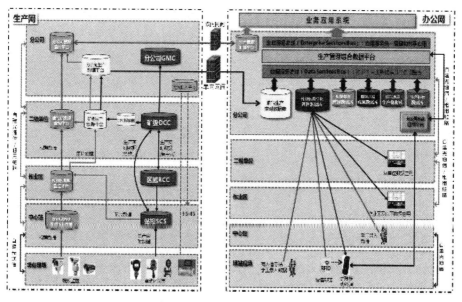

图 6-7　生产数据采集流程

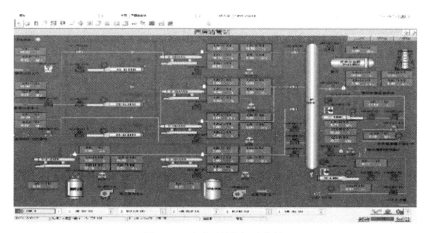

图 6-8　生产现场实时监控

（2）设备设施数字化监控。磨溪开发项目部通过利用油气生产物联网系统、DCS 控制系统、视频安防管理系统、腐蚀检测系统、门禁系统等实时视频、数据，实现分布式全覆盖数字化监控，包括生产现场数字化监控、生产现场全覆盖视频安防管理、自动化生产调度与远程控制。设备设施数字化监控与关键设备连锁因果关系监控如图 6-9 和图 6-10 所示。

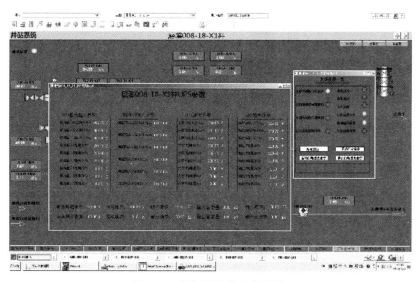

图 6-9　设备设施数字化监控

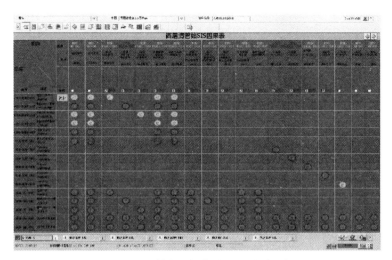

图 6-10　关键设备连锁因果关系监控

（3）智能预测预警。磨溪开发项目部通过深度应用气田控制中心的分散控制系统和安全仪表系统实时数据,构建预警可视化系统,实现生产智能预警,包括 A 环空压力趋势分析预警、管道综合风险提醒、输气管道腐蚀预测、井筒完整性评价与预警等。这样使控制中心具备了远程监控、数据采集、调度管理等功能,并通过数据传输为磨溪开发项目部生产数据监控及统一调度提供支撑。相关系统界面如图 6-11 至图 6-18 所示。

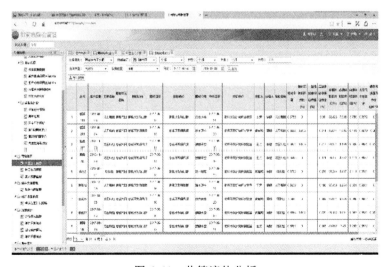

图 6-11　井筒流体分析

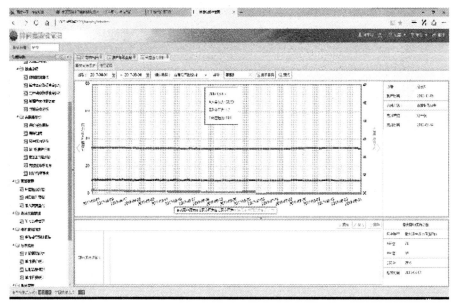

图 6-12　环空压力评价

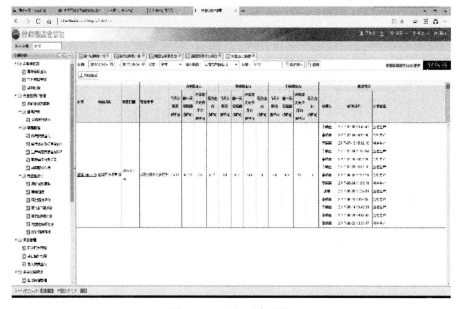

图 6-13　环空压力预警

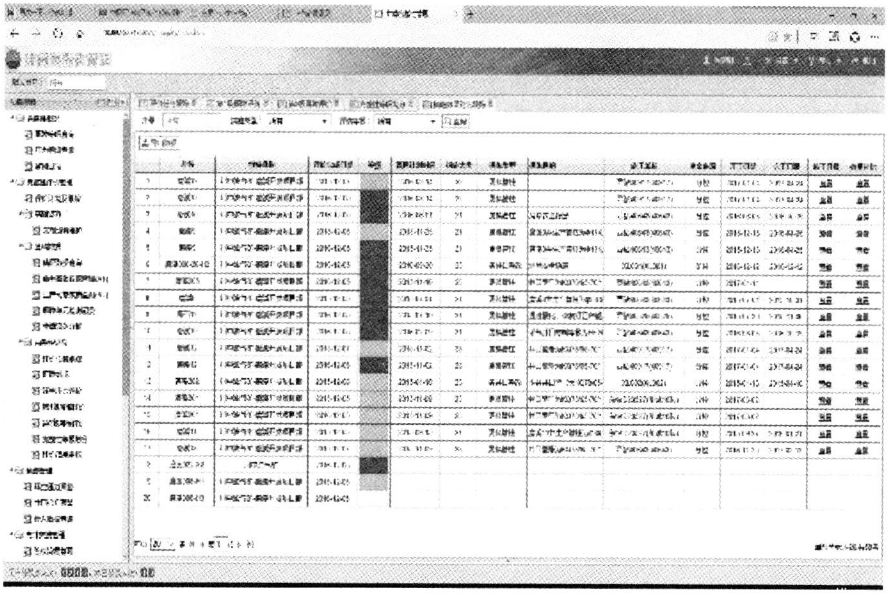

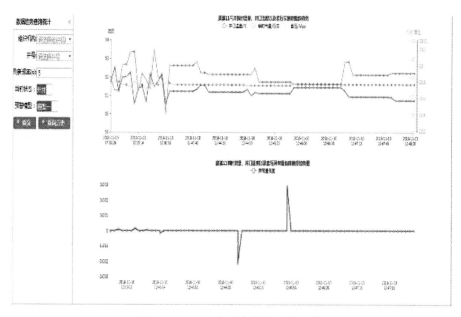

图 6-14　措施效果对比跟踪

图 6-15　A 环空压力趋势分析预警

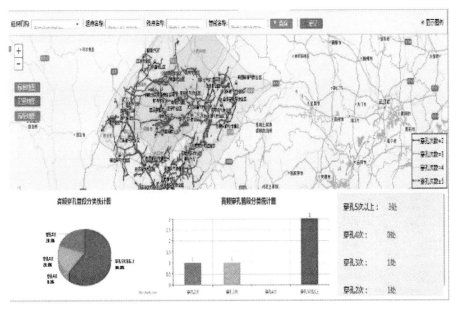

图 6-16　管道综合风险提醒

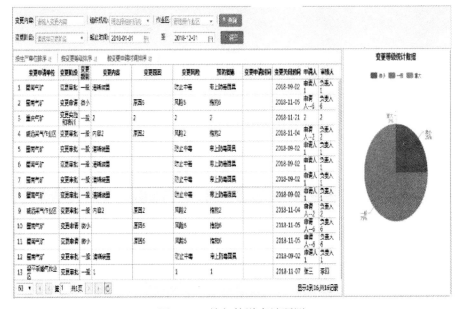

图 6-17　输气管道腐蚀预测

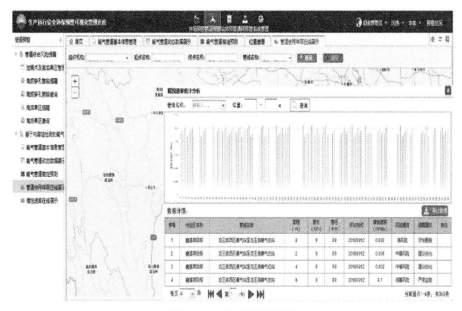

图 6-18　变更风险提醒

4）匹配与规范情况

公司各匹配项目均按照《两化融合实施过程管理办法（试行）》要求，在项目主体功能建设完成后进入试运行阶段。建设单位在完成系统调试、数据初始化、用户权限设置、用户培训、配套试运行阶段管理制度及组织机构优化建议编制后，发起试运行申请。信息管理部会同业务部门对试运行申请进行审批，试运行启动，原则上试运行不少于 3 个月。试运行阶段通常采用双轨运行，对系统功能及业务、流程调整情况进行验证、评估及纠偏。试运行验收由业务部门组织，重点审查项目预期对业务支撑能力是否达到要求，同时审定优化后的应用与运维管理实施细则及相关配套制度。试运行验收完成后系统投入正式运行，并执行发布的配套制度。

6.2.3.4　系统运行维护工作机制

下面以油气生产过程一体化智能管控能力为例进行介绍。为确保数据、技术、业务流程和组织机构匹配调整后相关制度有效执行，油气矿按照《川中油气矿两化融合实施过程管理实施细则》相关要求,遵循"自我维护为主,外部支持为辅"的思路,建立"信息管理部－信息站－作业区"三级运维管理机构,设立"信息站＋作业区＋外委维护单位"三级维护队伍,同时形成"调控中心 RCC- 中心站日常电子巡检＋巡检班组定期巡检"的系统运行模式。信息系统三级运维控制机制如图 6-19 所示。

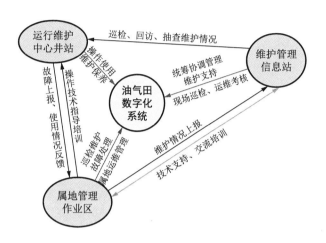

图 6-19　信息系统三级运维控制机制

按照《川中油气矿两化融合实施过程管理实施细则》《中国石油西南油气田公司勘探与生产数据管理办法》等相关制度要求的周期和质量标准,遵循"主动预防、优质服务"的理念开展运维工作。建立系统帮助热线支持机制,由信息站帮助热线支持人员根据问题进行反馈,根据问题类型指导或现场解决该问题,或提交由应用系统管理员处置,并填写问题闭环记录单。建立信息系统适应性分析机制,由各系统使用单位、运维单位对系统进行性能监控,提出整改意见,形成年度适应性分析报告。报告经油气矿各业务科室审核后,作为系统大修立项依据,立项对信息系统进行功能升级完善和性能调优。细化信息系统备份及恢复机制,由系统运维单位制定备份和恢复策略,并形成备份作业清单以及符合系统具体情况的备份作业详细说明书。系统运维单位定期开展备份与恢复测试工作,并填写备份记录表和备份恢复测试记录表。细化巡检机制,由三级维护队伍对分管的各系统、各站点定期进行巡检,形成巡检过程记录表单。同时,为提升磨溪开发项目部的运维工作,油气矿成立以信息站牵头,计量中心、磨溪开发项目部共同参与的联合巡检小组,按照《磨溪开发项目部数字化工作指南》等管理制度的相关要求定期开展系统巡检工作。

（1）细化应急处置机制。系统及网络信息类突发事件的应急处置由油气矿信息管理部归口管理,信息站进行技术支持和实施管理,属地单位配合,按照《川中油气矿网络信息突发事件专项应急预案》的具体应急处置程序处理,并组织开展应急演练,形成年度应急演练总结报告。

（2）细化数据运维机制。各业务部门、基层单位等数据建设单位和数据运维单位严格按照数据资源管理年度计划开展数据运维工作。数据建设单位完成数据建设工作后,经业务主管部门负责主数据审核,由信通中心开展数据的入库规范性审查、数据入库、数据库管理、数据服务、数据安全等运维工作。信通中心在前述工作的基础上定期发布数据公报,对数据入库动态、质量、问题进行通报,各数据建设单位对通报的问题组织整改。常态化运维机制情况见表6-3。

表 6-3　常态化运维机制情况

运维工作	运维单位	运维人员	运维周期
DCC 系统现场巡检	信息站	值班技术员	每周 2 次
RCC 系统电子巡检	信息站	运维管理员	每周 3 次以上
DCC 系统现场巡检	信息站	运维管理员	每月 1 次
场站现场巡检	信息站	运维管理员	每 4 个月全覆盖 1 次
系统工程文件与数据备份	信息站	运维管理员	每半年 1 次
网络运行情况监控	信息站	网络管理员	每天
核心网络设备现场巡检	信息站	网络管理员	每周 2 次
可网管网络设备配置备份	信息站	网络管理员	每季度 1 次
中心井站电子巡检	磨开部	中心井站员工	每天
数据准确性三级核对	磨开部	信息管理员	每周 1 次
安防系统测试	磨开部	信息管理员	每周 1 次
数字化系统远控测试	磨开部	信息管理员	每半年全覆盖 1 次

（3）强化运维执行。为进一步确保物联网系统的正常运行，油气矿完善两个层面的信息化工作质量检查标准。针对工作标准不细、检查不到位的情况，分层级编制《川中油气矿信息化运维管理工作内容及检查标准》《一线场站信息化工作内容及检查标准》，进一步细化信息化工作要求；强化自主运维，管控外委维护质量，以季度为周期制定外委维护工作计划大表，安排技术干部全程跟班学习和督促，每周编制外委维护周报，每月进行工作总结；切实落实信息化系统报警处置，将信息化"连锁操作规程"和"报警信息处置要点"等关键管理制度进行上墙，强力宣贯工作要求，实现"每条报警有反应、每次处置有记录、每条记录有闭环"，报警信息处置及管理水平大幅提升。

（4）加强信息化运维培训。为确保信息化运维工作顺利开展、落实人才保障，油气矿按照《川中油气矿两化融合实施过程管理实施细则》相关要求，遵循"立足岗位、立足现场、立足解决实际问题"的思路，积极开展操作人员和技术管理人员培训。各单位于年初编制培训需求分析，经人事部门审核后下达培训计划，由信息管理部统一组织实施。油气矿利用闲置自动化设备在磨溪开发项目部搭建自动化控制系统培训环境，并按照培训计划，采取集中学习培训、现场实操培训、送外培训等多种形式，对员工进行信息技术及信息系统实际操作培训。

（5）强化运维考核。油气矿按照《川中油气矿生产信息化系统运维实施细则》《磨溪开发项目部数字化工作指南》等运维管理制度，从基础资料完整性、运维计划完成情况、系统故障处理及时性、设备完好率等方面定期开展运维工作质量检查。结合检查结果，油气矿依据《公司全员绩效考核管理办法》进行季度考核，磨溪开发项目部依据《磨溪开发项目部全员绩效考核工作指南》进行月度考核，以强化对运维工作的过程控制。

6.2.3.5　两化融合项目管理

各业务处室围绕拟打造的新型能力匹配两化融合项目，组织项目建设单位编制两化融合实施方案(包括现状调研、需求分析、概要设计和进度安排等),明确数据、技术、业务流程、组织结构互动创新和持续优化的需求和实现方法,以有效实现与新型能力匹配的年度目标。公司围绕拟打造的信息化环境下的新型能力,根据两化融合实施方案,对公司两化融合管理体系及两化融合工作的实施过程加以控制,以确保两化融合总体目标和年度目标得以实现。具体按照《中国石油西南油气田公司两化融合实施过程管理办法(试行)》执行。运用过程方法和系统方法,策划形成实施框架,以业务流程为导向,实现从规划计划、项目建设、制度匹配、业务流程和组织结构优化、运行维护、数据开发利用到动态调整的全过程管理,确保两化融合实施过程的实效性和有效性;在规划、年度计划以及项目建设等方面进行审查审批,使两化融合实施过程持续受控;与供方,包括咨询、技术、设备、系统集成、运行维护等相关方形成以两化融合目标实现为导向的沟通合作机制,确保供方深度参与,使双方合作过程有效可控;推动全员全过程参与信息化和工业化融合工作,但在通过人才保证制度激发全体员工参与公司创新的热情方面成效还不显著。

信息管理部负责信息化前期项目立项审查以及可行性研究和初步设计的技术方案审查,负责组织阶段成果检查;负责对地面工程数字化建设项目涉及的信息技术标准规范和技术方案的审查;负责组织跨多业务领域信息技术项目及信息基础设施类项目的试点建设和推广应用。规划计划处负责审查两化融合项目年度计划与信息化发展规划;负责公司两化融合投资项目前期可行性研究、立项审批及报批、项目后评价工作的归口管理。科技处负责两化融合科技项目的组织管理。主营业务部门组织项目建设单位和相关所属单位进行系统总体架构设计,编制系统总体架构设计报告。项目建设单位组织编制系统详细方案设计报告,经业务主管部门审查,由信息管理部组织专家审定后实施。要求项目建设单位应选派技术骨干参与方案设计、系统开发、配置等关键环节技术实现过程,业务主管部门会同项目建设单位组织用户培训工作。

项目组和承建方定期召开周例会、月例会,对项目整体进度、本周工作进度、下周工作计划、存在的问题及解决办法进行沟通,形成项目周报、月报以及项目各阶段工作总结。对存在的问题采用问题闭环管理的方式,在项目问题清单中进行记录,在例会中进行跟踪和销项确认。采用文档控制的管理方法,保障项目文档的规范性和完整性。通过上述措施对技术实现过程的风险进行控制,确保项目按期保质完成。编制系统建设阶段的测试方案,从测试环境、测试流程、测试计划和进度、测试内容、测试用例等方面进行规定,并按测试计划对各子系统及系统整体开展测试,形成建设阶段系统测试报告,从测试用例执行情况统计、遗留问题、测试结果分析统计、缺陷严重程度统计等方面进行总结,对遗留问题进行追踪及整改。

6.2.3.6 评测与改进过程

依据《工业企业信息化和工业化融合评估规范》(GB/T 23020—2013),以国家两化融合评估系统提供的评估诊断指标为标准,公司每年至少进行一次评估与诊断,获取公司与全国及同行业企业对标分析结果,评估公司两化融合目标是否实现,预期新型能力是否形成,新型能力是否支持公司获取可持续竞争的优势和支持公司战略发展等,寻找改进的机会。目前公司主要通过两化融合服务平台在线开展自评估,并根据评估结果编制《西南油气田公司两化融合现状调研及差异分析报告》,对评估反映出的发展差距进行原因分析并提出改进建议。分析结果将作为两化融合持续改进的输入。

信息管理部是监视和测量的主责部门,依据《公司两化融合实施过程管理办法(试行)》对两化融合实施方案的执行情况进行监视和测量。每年发布信息化工作考核与评比通知,确定考核指标和准则,组织相关方进行监督检查,并保存记录。为确保不断提升监视与测量的及时性、准确性和规范性,公司需要持续完善考核指标,并逐步提升指标的采集和传递的自动化、数字化、网络化和智能化水平。当未达到所策划的结果时,应采取适当措施进行改进。

为促进单位和员工更好地履行职责、提升绩效,确保两化融合目标的实现,建立两化融合考核指标体系,并纳入公司整体绩效考核体系。信息管理部负责组织两化融合考核工作,每年下发考核通知,对各单位进行考核,并将考核结果提交劳动工资处。具体按照《西南油气田公司全员绩效考核办法》《业绩合同控制类指标配套考核细则》等要求执行。在具体执行的过程中,两化融合绩效考核的落实还难以按照《两化融合管理手册》的要求执行,为保护员工的积极性,绩效考核的落实需要更多体现激励而非惩罚。

6.2.3.7　全员参与

在促进全员参与方面,公司主要以加强员工培训为切入点。公司依据《中国石油西南油气田公司员工教育培训管理办法》明确培训的职责与分工、培训需求识别与计划、培训课程设计与开发、培训实施与评估、培训费用预算与控制、培训证书等内容,对公司人员的能力保持和提升进行有效管理。为推动全员提升对两化融合和岗位职责的认知、掌握数字化相关知识和技能、满足岗位需求、激发创新潜能,人力资源部每年年初向各部门发送年度培训需求问卷调查表,搜集培训需求后再与各需求部门负责人深入沟通,确定具体的培训内容,合并重复或类似内容后形成本年度的公司级培训计划,并下发公司年度培训项目计划表,具体包括信息化工作管理培训班、网络信息安全培训班、移动应用平台接入及应用开发培训班、主数据及勘探开发生产动态管理平台应用培训班、两化融合管理体系贯标培训班、数据治理方法培训班、作业区数字化管理平台培训班等信息化类培训项目,并按计划组织实施。虽然培训在推动全员参与方面体现出了一定的成效,但是培训不能完全解决员工在创新能力储备、创新环境需求和内生动力激发等多个方面存在的问题,还需要更多针对员工赋能和激励方面的措施来切实提升全员参与两化融合的意识和能力。

6.2.3.8 设备设施及信息资源保障

1）设备设施

设备管理处是设备的归口管理部门，信息管理部负责信息设备配置、升级改造等策划工作，设备设施管理的属地单位负责设备的运行、保养等，对设备状态监测，并对指标进行分析、控制和改进。信息管理部综合考虑业务需求、投资预算、技术发展趋势和竞争环境等因素，合理确定信息设备设施购置、升级改造计划，逐步提高设备设施的自动化、数字化、网络化、智能化水平。信息管理部组织对信息设备设施现状进行评价，识别设备设施相关风险，必要时制定应急预案。设施设备管理的具体要求执行《西南油气田公司设备管理办法》《西南油气田公司物资采购管理规定》《中国石油西南油气田公司两化融合实施过程管理办法（试行）》。

2）信息资源

信息资源是支撑企业获取可持续竞争优势的战略基础资源，公司按照《西南油气田分公司数据管理办法（试行）》，采取适当的措施和利用必要的技术手段，采集两化融合过程中可靠和有效的数据，并将其转化为所需的信息，提炼形成企业的知识资产。目前在公司规范信息资源应用和管理，利用信息技术手段确保信息资源的时效性、可用性、完整性和保密性方面取得了一定成效，但在挖掘提炼信息和知识、持续提高信息资源的传递和共享水平、以数据为驱动提高公司创新竞争力等方面还处于探索阶段。

3）信息安全

为确保企业两化融合工作中信息安全管理，使公司的数据信息、知识产权受到保护，不受偶然的或者恶意的破坏、更改、泄密，保证信息服务和系统持续不中断运行，公司编制了《中国石油西南油气田公司信息安全管理办法》，与其他信息安全相关规章制度一并形成信息安全管理制度体系。信息管理部为信息安全主责部门，各单位各部门按要求做好自身的信息安全管理。

信息安全管理包括机房安全、网络安全、系统安全、应用安全、数据和电子文档安全以及安全风险管理等。信息管理部组织相关岗位人员上岗前签署保密协议等在内的信息安全责任制度,完善管理和防范机制,组织信息安全监督检查,并对整改落实情况进行监督。依据《信息安全风险评估实施指南》(Q/SY 1343—2010)的规定,从威胁出现的频次、脆弱性的严重程度、资产价值等方面进行识别,确定信息安全事件可能性和影响级别,确定风险等级。对识别出的信息安全风险,信息管理部组织制定管理措施和技术方案并加以实施,必要时执行《中国石油西南油气田公司突发事件应急管理办法》,信息管理部对安全事件做好事故报告、事故调查和总结分析等工作。同时,开展信息安全的教育与培训,确保全体员工认识到信息安全的重要性和紧迫性,不断提高全体员工的信息安全意识和安全防范技能。

6.2.3.9 资金保障

公司对资金预算进行统筹安排,有力保障两化融合工作推进,并在执行过程中得到有效监控。为确保两化融合管理体系和两化融合工作资金投入,对资金投入的管理除执行中国石油天然气股份有限公司相关制度文件外,还执行公司投资、预算、结算等管理制度,确保项目有计划、有预算,资金投入做到支出合理、过程规范,投资效果可追溯。信息管理部组织编制公司信息化发展规划、年度工作计划和经费预算;规划计划处组织审查信息化发展规划和项目年度计划,负责计划投资管理、投资分析管理;财务处负责相关财务预算与核算的管理工作,对费用化项目资金预算的审核、资金拨付、资金使用进行监督检查。公司围绕总目标和新型能力年度目标,确保资金投入的稳定性、持续性,并为运行维护留有足够的资金,但在避免项目重复建设和重复投资方面的控制力度还不够。

6.2.4 两化融合发展水平及现状

6.2.4.1 两化融合评估诊断依据和方法

依据《工业企业信息化和工业化融合评估规范》（GB/T 23020—2013），2019年11月22日通过国家两化融合评估服务平台对西南油气田公司两化融合发展现状进行评估，分析两化融合总体发展水平。评估包括水平与能力评估、效能与效益评估2个部分，共设6个一级指标。

水平与能力评估包括基础建设、单项应用、综合集成、协同与创新4个一级指标。效能与效益评估包括竞争力、经济和社会效益2个一级指标。一级指标及内涵描述见表6-4。

表 6-4　一级指标及内涵描述

一级指标	指标内涵描述
一、水平与能力评估	
基础建设	评估两化融合基础设施和条件建设情况，衡量两化融合基本资源保障的水平与能力
单项应用	评估信息技术在企业部门级单一业务环节中的应用情况，衡量信息技术与工业技术以及企业单项业务的结合和融合的水平与能力
综合集成	评估企业跨部门、跨业务环节的业务综合和集成情况，衡量两化融合环境下企业内多业务综合集成和融合的水平与能力
协同与创新	评估跨企业的业务协同和发展模式创新情况，衡量两化融合环境下企业间业务协同、创新和融合的水平与能力
二、效能与效益评估	
竞争力	评估企业综合竞争力变化情况，衡量两化融合直接或间接带来的企业能力提升效果
经济和社会效益	评估企业经济和社会效益水平变化情况，衡量两化融合直接或间接带来的企业效益提升作用

两化融合发展共分为起步建设、单项覆盖、集成提升、创新突破4个阶段，其内涵描述见表6-5。

表 6-5　两化融合发展阶段内涵描述

发展阶段	内涵描述
起步建设	企业具备了一定的两化融合基础设施和条件,但其单项应用尚未开展或刚刚起步
单项覆盖	企业具备了一定的两化融合基础设施和条件,单项应用对企业业务覆盖和渗透逐渐加强,发挥了一定作用,但其综合集成尚未有效实现
集成提升	企业基础建设水平进一步提高,单项应用基本成熟,综合集成有效实现,但其协同与创新尚未有效开展
创新突破	企业基础建设趋于完备,单项应用和综合集成趋于成熟,且协同与创新得到有效实现

6.2.4.2　两化融合发展水平与发展阶段

2019 年,西南油气田公司两化融合水平评估成绩为 77.26 分,高于全国 94.86% 的企业,高于同行业 67.86% 的企业,比 2018 年提高 1.34 分。通过一年的两化融合工作实施与推动,公司基础建设提升了 1.21 个百分点,协同与创新提升了 1.5 个百分点,经济和社会效益提升了 5.13 个百分点。2019 年,公司所有指标得分均高于全国企业平均水平,部分指标得分高于石油和天然气开采业平均水平。同时,公司在单项应用、竞争力、经济和社会效益指标的得分较国内行业平均水平仍存在一定差距。

西南油气田公司 2017—2019 年评估得分变化见表 6-6。西南油气田公司评估得分与全国企业及行业平均得分对比见表 6-7 和图 6-20。

表 6-6　西南油气田公司 2017—2019 年评估得分变化

序　号	指标项	2017 年	2018 年	2019 年
1	基础建设	81.41	90.14	91.35
2	单项应用	72.88	71.70	74.38
3	综合集成	77.02	67.74	68.14
4	协同创新	59.75	74	75.50
5	竞争力	83.28	78.18	73.27
6	经济和社会效益	35.07	65.89	71.02
总　分			74.77	75.92	77.26

表 6-7　西南油气田公司评估得分与全国企业及行业平均得分对比

指　标	西南油气田公司	全国企业	石油和天然气开采业
基础建设	91.35	58.47	79.51
单项应用	74.38	50.81	78.34
综合集成	68.14	39.80	59.30
协同与创新	75.50	35.37	69.24
竞争力	73.27	63.06	79.50
经济和社会效益	71.02	58.94	73.16

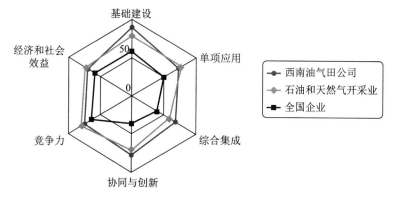

图 6-20　西南油气田公司评估得分与全国企业及行业平均得分对比雷达图

西南油气田两化融合已处于综合集成阶段,已从"单点突破""多面开花"发展到"体系制胜"的阶段。智能化气田进入精细复杂阶段,实践的关键成功因素已经从一点到多点,从关注局部向统筹全局转变,从单纯关注技术向全要素协同转变,难度越来越高。

评估结果显示,西南油气田在基础建设、综合集成、协同与创新等方面得分较高,与全国和同行业相比具有明显优势。这得益于:

第一,公司信息化基础建设投入巨大,设备设施完善,对信息化建设及两化融合管理体系建设的高度重视。

第二,公司在两化融合环境下跨部门、跨业务环节的业务综合和集成情况较好,在管理与控制集成、产供销集成、财务与业务集成、决策支持等方面均具有较高信息化水平。

第三,公司在产业链协同和集团管控方面投入较大力量,不仅实现了战略管控,使管控平台达到全方位覆盖,并在较大程度上实现了产业链企业(部门)间的信息交互、业务协同和资源共享。

6.2.4.3　重点单项业务环节信息化水平

在单项应用方面,西南油气田评分为 74.38 分,较行业平均分低 3.96 分。其中,销售管理、项目管理、生产管理、质量与计量及能源与环保得分同行业均值比较仍有差距。

从具体运行情况看,该项得分较低的原因是:销售方面,公司仍缺乏对销售市场信息的管理和分析,在电子商务方面实现的功能不足,线上销售率偏低,销售管理的精细化程度有待进一步提升;项目管理方面,项目信息化管理水平有待进一步加强,项目流程需继续优化;生产管理方面,生产管理综合水平待进一步提升;质量与计量方面,计量管理信息技术应用力度需继续加大,计量信息在线采集功能应进一步加强;能源与环保方面,质量环保信息化建设等方面的工作有待进一步开展。

6.2.4.4　实现内外部集成与协同的情况

目前公司的内外部集成水平与协同能力尚显不足。基于统一平台的业务信息尚未完全互通,仅具备部分集成能力。财务牵引的相关信息互通水平相对较高,基于价值链一体化管控和基于全生命周期的一体化管控水平较低,导致数据的整体运作利用仍然存在信息孤岛现象。内部系统分散,具体表现在营销数据及客户数据系统分散、营销管理系统信息分散、客户信息管理系统及 ERP 营销信息系统分散。这些分散的系统导致相关数据不能互通,难以发挥集中决策支持作用。

下一步要重点加强一体化建设,以互联互通为目标,打通各环节,最终达到横向集成、纵向集成和端到端集成。持续推进销售和调度等各环节的协同作用,完善一体化和全生命周期管控。

6.2.4.5 竞争力与经济和社会效益情况

竞争力方面,公司评分为 73.27 分,较行业平均值低 6.23 分。其中,财务优化得分和业务效率得分差距较为明显。从具体运行情况看,公司该项得分较低的原因是:财务决算速度,库存资金周转率尚不足;设备综合利用效率水平偏低,有待进一步提高;产能利用率偏低,实际产能没有充分接近或达到设计产能;全员劳动生产率由于员工基数偏大等原因,仍显偏低。

经济效益方面,公司评分为 71.02 分,较行业平均值低 2.14 分;社会效益方面,公司评分为 56.29,较行业平均值低 10.36 分。从具体运行情况看,公司该项得分较低的原因是:经济效益方面,公司成本费用利润率偏低,说明在同等利润水平下,成本费用仍然偏高,具有较大下降空间,同时销售利润率仍有优化提升空间;社会效益方面,公司单位资产的社会贡献额仍然偏低,员工收入等社会贡献额有待进一步提高。

6.3 基于顶层参考框架协同推进两化深度融合发展

持续优化完善两化融合通用参考架构,统一社会各界对两化深度融合内涵外延的共识,引导各界在两化融合通用参考架构的统一框架下,加快对两化融合领域新理论、新方法和新工具的探索,形成融合发展合力。同时,以标准化为纽带和抓手,充分发挥全国信息化和工业化融合管理标准化技术委员会等标准化技术组织的作用,建设形成行业协会、重点企业、服务机构、科研院所等积极参与,产学研用协同创新的标准化工作体系,加快将两化融合领域新的技术、理念和方法转化为关键标准,为社会各界协同推进两化深度融合、加快产业转型创新提供指导和参考。

6.4 依据标准体系建设路径有序推进关键标准研制

以两化融合标准体系框架为牵引,有重点、分步骤地开展急用先行的关键标准研制,统筹规划国际标准、国家标准、行业标准和团体标准的建设。制定完善两化融合术语定义等通用共性标准,加快研制两化融合管理体系、基础设施、产品生命周期 / 企业(组织)管控 / 产业链的数字化与网络化等领域的当前急需标准,组织探索智能制造、工业云与智能服务、工业大数据应用等解决方案类团体标准,鼓励各行业企业结合自身特色,将两化融合实践中理念、要素、规律、方法和路径系统总结为标准,加强与 ISO,ITU 和 IEC 等国际标准化组织的交流与合作,推进重点领域国际标准化工作,以标准为切入点着力突破两化融合核心技术。

6.5　西南油气田两化融合实施

以两化融合标准化为切入点,推进各领域标准研制和自主创新,重点突破一批两化融合核心技术。围绕重大装备和产品智能化需求,支持自动控制和智能感知设备及系统、核心芯片技术,以及新型显示系统的研发和产业化。加快推动安全可控的工业基础软硬件、行业应用软件、嵌入式系统、新型工业 APP 应用平台、工业互联网网络设备、工控安全防护产品发展。支持企业探索工业互联网领域工厂内外网络技术及互联互通、无线工厂、标识解析、IPv6 等方面的技术创新。

6.6　以标准应用普及带动企业两化融合加速发展及成效显现

通过宣贯培训、试点示范、案例推广等多种方式,以标准规范引领两化融合理念方法在企业内部加速落地,引导企业深入开展两化融合创新实践,系统推进战略转型、组织变革、流程优化、技术应用和数据挖掘,深化产品全生命周期各环节、企业管控各层级、产业链上下游的数字化应用,加快数据互联互通和业务集成,重构企业生产方式、组织形式和商业模式,持续提升数字时代核心竞争力,有效实现企业降本增效,助力产业数字化转型和创新发展。

两化融合是信息化和工业化的交汇融合,是制造强国和网络强国建设的扣合点。西南油气田提出的两化融合通用参考架构与标准体系,旨在为政府、行业组织、工业企业、服务商等系统认知并协同推进两化融合提供一套科学、实用、有效的理论方法体系。社会各界可以此为指导,同时把握并融会贯通好工业化和信息化的发展规律,从产业、技术、产品、应用等方面系统性地推动融合创新发展,加速我国产业数字化转型步伐,发展培育新技术、新产品、新模式、新业态,以带动两化深度融合迈上新台阶,助力数字经济时代我国制造业高质量发展。

第7章 西南油气田两化融合评价体系

为形象刻画两化融合程度,西南油气田公司以是否具有举足轻重作用、是否能反映石油天然气行业的特殊实际、是否便于测量三大选取原则为指标,确立了针对石油天然气行业两化融合程度评价的基础设施建设及应用水平、两化融合绩效两大指标体系。这些指标体系具有较强的实操性,可以全面反映石油天然气行业的特殊流程和特殊需求以及对两化融合的更高需求。

7.1 两化融合评价体系的提出

建立评价指标体系是进行两化融合程度评价的第一步,也是最终评价结果科学与否的关键所在。这些评价指标既要能够体现石油天然气行业的特殊需求,同时还需要考虑到行业的实际发展现状以及不同规模企业的实际需求,并能够做到全面、客观、真实地刻画当前实际情况。因此,结合西南油气田公司的实际情况提出两化融合程度的初步指标体系,全面反映出当前企业的发展现状和实际需求,并在指标体系的组织维度以及具体的评价指标上具有一定的创新性,从可测量的角度出发具有较强的可操作性。

7.1.1 评价指标选取原则

能够用于评价石油天然气行业两化融合程度的指标种类繁多,相互间关系密切。为准确、合理地选择出能够全面、客观、真实地刻画石油天然气行业当前两化融合程度的指标体系,在评价指标的选择过程中主要考虑以下原则:

(1)选择的指标对西南油气田公司两化融合程度刻画有重要影响。能够用于评价石油天然气行业两化融合程度的指标是复杂多样的,但只有那些影响大、对石油天然气行业的两化融合程度刻画具有举足轻重作用的指标,才能做到既准确刻画两化融合的程度,又使得评价指标体系不过于复杂。如果缺乏这些主要的重要指标,即使其他次要的因素再多,也不能全面、准确地刻画石油天然气行业两化融合的程度。

(2)选择的指标能够反映石油天然气行业的特殊实际。石油天然气行业在实际的生产运营过程中有区别于其他行业的特殊性,因此在选择评价指标时要能够充分反映其勘探开发、管道、生产运行、基建、工程技术、物资技术、QHSE 管理等不同环节在两化融合上的特殊性。同时,还要充分考虑西南油气田公司的当前发展实际,所选择的指标既能反映当前的发展实际,又具有一定的前瞻性,做到既能全面、准确地刻画西南油气田公司两化融合程度的当前实际,又能指导石油天然气行业两化融合的未来发展。

(3)选择的指标要便于测量。建立指标体系的目的在于准确地刻画西南油气田公司两化融合的当前程度,为企业决策层及行业管理部门及时准确地掌握企业或行业两化融合的发展实际提供参考,为进一步的发展提供方向指导。因此,选择的指标要便于测量,即能从企业中收集到相应的客观真实数据。比较笼统又不便于量化的指标将不考虑在内,但这并不表示这些指标不具有参考价值。

7.1.2 评价指标来源

石油天然气是我国经济发展的命脉。对勘探开发、管道、生产运行、基建、工程技术、物资技术、QHSE 管理等各个业务管理过程的信息化改造,不仅可以提高石油天然气的产量,提高企业利润,还可以提高企业经营效率以及科学管理的能力。但是,目前国内外还缺乏能够全面、客观、真实地反映石油天然气行业两化融化程度的评价指标及综合评价方法,在一定程度上造成了各业务部门对当前实际发展情况的掌握不够全面、准确,从而使得对未来进一步发展的方向缺乏具有实际操作性的具体指导。为此,西南油气田公司制定了两化融合的体系文件,并细化了关于两化融合的相关评价指标。

7.2　评价指标体系构建

7.2.1　评价指标体系维度的划分

近年来,由于产业界的不断努力实践、政府主管部门在资金与政策上的推动与扶持、各研究机构相关研究专家的持续研究与推动,两化融合在我国各行各业都取得了较大的成绩,两化融合的理念深入人心,大部分企业都在努力对企业进行信息化改造。信息化也给企业运营效率带来了不同程度的提升,并由此带来了间接和直接的经济效益和社会效益。考虑两化融合发展的现状,并结合西南油气田两化融合开展的实际情况,借鉴国家信息化测评中心发布的指标体系、2010 年工业和信息化部组织建立的分行业评估企业两化融合发展水平和关键特征的指标体系、2011 年工业和信息化部颁布的《工业企业"信息化和工业化融合"评估规范》(试行),从基础设施建设及应用水平和两化融合绩效两个维度来评价两化融合程度。其中,基础设施建设及应用水平主要是从两化融合发展战略、人财物的投入、油气开采全过程的信息化改造几个角度全面刻画石油天然气行业的两化融合程度;两化融合绩效主要是反映两化融合促使企业在运营效率及产出绩效上的提升,这是两化融合结果的最终体现,也是企业积极对各环节进行信息化改造的动力所在。

7.2.2　指标体系的构建

通过查阅相关文献及开展专家访谈,初步确定石油天然气行业两化融合程度评价的指标体系,然后采用特尔斐法对初步建立的评价指标体系进行比选与扩充。特尔斐法即多轮次专家咨询法,由邀请的专家和学者,在综合考虑石油天然气行业特殊需求、石油天然气行业两化融合发展的实际现状以及石油天然气行业两化融合未来持续发展方向等的基础上,根据其对各评价指标对石油天然气行业两化融合程度评价有无贡献及贡献程度的认识,直接增加或删除指标,并给出各因素的权重值。根据征询值的离散状况,进行多轮次的专家征询。经过上述步骤,最终确立研究针对石油天然气行业两化融合程度评价的指标体系。

1)基础设施建设及应用水平

基础设施建设及应用水平主要是从企业对两化融合的战略重视、人财物的投入、制度的保障以及石油天然气行业生产全过程中信息化应用情况几个角度来刻画石油天然气行业两化融合的程度。主要包含信息化规划及投入水平、组织体系及制度完善程度、人力资源建设水平、信息化基础设施建设水平、信息化应用几个二级指标。这里需要特别说明的是信息化应用二级指标,该指标是本指标体系的一大特色。该指标是在综合考虑石油天然气行业的特殊流程及特殊需求的基础上,结合专家意见,从勘探开发、管道、生产运行、基建、工程技术、物资技术、QHSE 管理等角度考量石油天然气行业的特殊信息化应用,并结合当前实际需求,从关键业务单元的信息化应用之间的互通、协调工作的角度考量两化融合程度。信息化应用包含的三级指标有研发设计信息化水平、生产与管理信息化水平、测试实验过程信息化水平、管理支持信息化水平、各业务单元信息共享水平等。

2)两化融合绩效

两化融合绩效主要反映为两化融合使企业在运营效率及产出绩效上的提升,这是两化融合结果的最终体现,也是企业积极对企业各环节进行信息化改造的动力所在。所设计的两化融合绩效也是一大特色。两化融合绩效指标涉及广泛,不仅有两化融合所带来的运营效率的改善(直接反映在企业效率、产品竞争力的提升上),还有由于运营效率、产品质量等的提升所带来的直接经济效益,另外还重点考虑了两化融合程度的加深所带来的运营效率的提升、生产方式的改善等所带来的间接社会效益。因此,主要从竞争力提升、经济效益拉动力、社会效益拉动力三个方面衡量两化融合的绩效。在这些二级指标中,每个指标下又包含若干具体的三级指标。

7.2.3　评价指标体系特色

考虑西南油气田公司的特殊流程及特殊需求,并在对相关文献资料进行总结的基础上,建立西南油气田公司两化融合程度评价的指标体系。综合来看,该指标体系具有如下特色:

(1)指标体系具有全面性。指标体系不仅包含公司对两化融合的战略重视、人财物的投入、制度的保障以及油气生产全过程中信息化应用,还包含两化融合的绩效。两化融合绩效中不仅包含直接的经济绩效,还包含间接的社会绩效。

(2)指标体系反映了石油天然气行业的特殊流程和特殊需求。由于石油天然气行业集勘探开发、管道、生产运行、基建、工程技术、物资技术、QHSE 管理于一体,因此石油天然气行业不同流程环节的信息化应用具有其特殊性。在设计信息化应用方面的具体指标时充分考虑了这种特殊性,并结合当前对两化融合发展的特殊需求,设计了考量不同应用、不同管理系统之间的互通和协调工作方面的评价指标。

(3)指标体系反映了对两化融合的更高需求。从社会的角度讲,两化融合的持续深入不仅要能为企业带来现实的收益,还要能为社会发展作出贡献,即两化融合的社会意义。所设计的两化融合绩效指标不仅考虑了经济方面的指标,还考虑了社会效益方面的指标。

(4)指标体系的实操性较强。建立评价指标体系的目的是全面、客观、真实地测量当前西南油气田公司两化融合的程度,并为将两化融合持续深入开展下去寻找方向。所建立的指标既能反映两化融合的程度,还要具有可测量性。

第8章　西南油气田两化融合对标分析

西南油气田公司历经多个五年规划,从七个方面推动两化融合深度贯彻实施:聚焦智能化工效与服务型制造,全力推动企业数字化转型;创新组织管理机制,高效推进两化融合管理体系实施落地;借助云服务和项目群管理,实现信息化项目有序高效管控;逐层打通数据链,以大数据开发利用增强企业核心竞争力;常态化开展融合评估诊断,确保新型能力打造与持续改进;有效建立文件化管理体系,强化制度管理规范化与标准化;多维度实施考核与激励,激发全员参与积极性与创新活力。

8.1　聚焦智能化工效与服务型制造

为应对数字化浪潮带来的机遇与挑战,某大型集团型企业以两化深度融合为基本指导方法,以制造智能化工效提升和服务型制造为主攻方向,围绕 PDM,MES 和 ERP 等核心系统建设,实现了重点业务环节全面信息化和跨区域集团化管理,已初步具备数字化工厂的雏形。在取得瞩目成绩的同时,该企业认识到自身在实现企业、执行、设备三个层面数据贯通,研发、采购、制造、营销服务、财务经营五大环节集成,以数字化与流程化持续改进为基础实现研发、制造、运营、服务一体的数字化工厂建设和工业大数据分析利用等方面仍存在部分短板和瓶颈。目前该企业正重点推动信息技术在数字化工厂建设和现代管理融合方面的应用,对企业研发设计、生产制造、经营管理和营销服务等业务应用进行梳理、研究和策划,通过开展全面、深入的调研和评估,深入剖析企业在数字化工厂建设方面已具备的基本条件、存在的不足、未来的发展重点和拟打造的新型能力,围绕制造现场、信息系统、大数据等重要方面的建设与发展内生需求，制定实施系统、全面的数字化工厂建设规划。该企业为实现企业流程再造、智能管控、组织优化、能力提升、产业链协同、全生命周期管控，从而稳定获取创新成效，持续提升总体效能效益不断努力。某企业推动信息技术在数字化工厂建设和现代管理融合方面的应用如图8-1 所示。

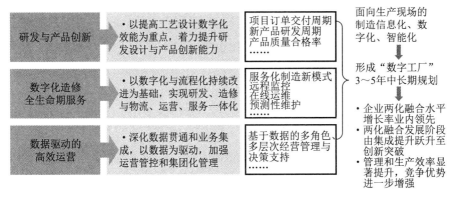

图 8-1　某企业推动信息技术在数字化工厂建设和现代管理融合方面的应用

对标分析：相比于案例企业通过信息化实现研发、采购、制造、营销服务、财务经营五大环节集成，从而实现数字化转型和取得创新成效，西南油气田公司的信息化建设更多集中在系统的开发应用上，项目缺乏顶层规划与统筹管理，信息孤岛现象明显，且业务系统之间的数据标准和接口尚未实现统一。业务环节和数据互联互通的屏障还需进一步打通，这样才能在强化纵向集成的基础上实现协同创新，使两化融合水平实现阶跃式提升。

8.2　创新组织管理机制

根据《信息化和工业化融合管理体系》系列国家标准的要求，企业应依据打造新型能力的动态要求，按照建设完善业务流程、部门职责和岗位技能协同机制的相关要求进行合理、适宜的组织建设和制度保障。从目前优秀企业的典型经验和做法来看，大多数相关企业正在形成集信息化、管理变革、模式转型及业务流程优化等职能为一体的综合功能部门设置,并逐步构建网络化、平台化、柔性化、立体化的赋能机制。

以某合资企业的组织管理机制设置为例,该企业首先依据两化融合管理体系建设和运行、新型能力打造的要求,对相关岗位及其职责进行了有效识别、梳理和确认,通过岗位职能设计、岗位技能培训、交叉培养和轮岗锻炼等手段,确保从事两化融合工作的员工快速提升技能,满足岗位要求。其次,该企业围绕两化融合新型能力目标对相关业务流程进行了梳理、优化和调整,识别出与这些流程相关的部门和岗位存在的问题与差距,确定拟优化的关键点和调整范围,开展新的流程设计,并以流程职责为牵引,梳理和调整部门职责,将流程职责和部门职责落实到岗位职责,同时注意跨部门流程衔接处的职责,形成涵盖流程职责和组织结构的综合优化方案。再次,该企业对信息化与智能制造相关部门进行重组和再造,整合之前信息化、生产和战略规划等部门的相关职能,形成能够负责总体协调的新职能部门,并在各部门重新设置信息化专员岗位职责,负责所在部门所提出的相关业务和系统问题,同时根据协调运转机制向对应的流程管理员、内部顾问反馈所在部门的情况,对出现的问题进行及时评价、纠正和改进,以确保两化融合工作的顺利开展和相关项目的高效运行。

对标分析:相比于案例企业以流程职责为牵引,推进流程改造和岗位职责转变,建立集信息化、生产和战略规划等部门职责于一体的总体协调部门,进而实现组织结构优化和流程再造,确保两化融合工作顺利开展和相关项目高效运行,西南油气田公司在实现两化融合管理体系建设运行和新型能力打造的过程中存在多个管理体系难融合、协调沟通方式有限、多部门协同管理不足、思维与管理模式陈旧、岗位职责尚未转变等诸多问题,导致流程执行效率低下,控制执行不到位。

8.3　信息化高效管控

信息化项目实施过程中易产生各信息化系统建设部门各自为

政、系统平台间未打通形成的信息孤岛、系统平台重复建设等问题。现代信息化项目管理应进行统筹规划,基于信息化建设的现状,用现代先进的、成熟的信息技术,结合科学的管理理念,使用整体化、层次化的方法进行逐次集中规划设计,而不是将原有的各分散系统进行简单集成。应让制度规范到位,做到有理可依,真正落实到各环节,形成互联互通、数据共享的常态化。

以石化行业某中央企业为例,该企业为进行信息化项目统筹管理,建成资源管理中心,以勘探、开发、采油工程三大专业共享中心为基础,实现专业软硬件云服务共享中心,避免重复投资,并建立企业数据资源共享中心,实现数据互联互通、资源共享。

项目群管理是信息化项目统筹管理的另一有效方法,可以获得对单个项目分别管理所无法实现的利益和控制。以某冶金行业企业为例,该企业在高强度汽车板整体信息化工程实施中很好地利用了项目群管理实践。该项目涉及相关实施商较多,涵盖物流、订单计划、质量管理、生产执行、财务成本、设备管理等 20 余个系统。前期的项目管理中,偏重于对当时已有业务流的整合和固化,关注对象主要是单个信息系统项目的流程梳理和功能目标的实现,没有形成统一的、专业的项目管理体系。为高效完成项目组织实施,按照项目群的管理理念,公司搭建了层级分明、职责清晰的管理架构,自上而下分别为信息化项目指挥部、项目群管理办公室、项目经理及团队。指挥部最高领导由公司董事长担任;项目群管理办公室由公司主管副经理担任,各相关业务单位领导为办公室成员,为项目的顺利开展提供组织保障。项目指挥部从各相关单位抽调业务骨干作为关键用户投入项目,负责业务流程的梳理与再造。信息自动化部的 IT 人员作为技术支持全程参与项目建设。由于工程需多个项目同步实施且各项目的系统实现映射在实际的业务中存在交叉,所以关键用户及部分 IT 支持人员需要作为项目群的共享资源投入多个项目。

对标分析:相比于案例企业通过打造专业软硬件云服务共享中心,实现数据资源统一集中高效管控,西南油气田公司正面临多个系统平台和数据库林立,数据统一集中管控难,投资大、效率低,难以集中发挥数据的决策支持作用等问题。相比于案例企业设立信息化项目指挥部、项目群管理办公室,通过项目群管理实现多个项目的集中统一管控,西南油气田在两化融合项目管理组织建设方面存在职责分散、组织保障不到位、决策和主体责任难落实等问题,进而导致项目顶层规划不足,统筹管理缺失,项目实施周期长、重复建设和信息孤岛等问题突出。

8.4 大数据开发增强企业核心竞争力

大数据开发利用有助于技术改进,如寻找最佳技术路线;有助于优化业务流程,如持续改进跨职能、跨层次的业务协同水平;有助于改善组织结构,如不断提升岗位及其职能设置和业务流程需求的匹配程度等。组织通过对数据的开发利用,可以加速技术、业务流程、组织结构的同步创新和持续优化。同时,技术、业务流程与组织结构的改进也会为数据开发利用创造新的机会和起点。组织应对大数据开发利用做出制度化安排;对数据开发利用方案的制定、沟通和确认做出制度化安排,包括职责、流程、方法等。

以轨道交通行业某中央企业为例,该企业将数字化工厂建设作为信息化方面的主要工作,打通企业层、执行层、设备层的纵向数据链,并实现研发数据、项目数据向生产现场传递。以数据为中心,发挥信息化潜在价值,不断加快企业转型,从而增强企业的核心竞争力。企业注重两化融合工作与自身业务的深度结合,持续推进数字化车间建设。逐渐实现装备物流智能化、制造执行系统应用集成化,并不断加强对生产过程的控制、调度和监测等。建立业务所需研发平台,用于支持公司外包与异地等特殊场景的多模式需求。在原有工作流程基础上,利用图文档应用取代纸质图文档,共享一套数据,满足制造现场、子公司、供应商、委外厂家等多方对图纸、文档的需求。将企业所涉及城轨业务纳入 MRO 管理,开展系列预测性维护,建立配件需求预测机制,支持寄售配件等服务模式。建立财务共享中心和大数据分析平台,与保密体系和信息安全工作机制紧密有效地结合,同时进行机房扩容建设,不断优化数字化工厂的基础架构。企业高度重视数据开发利用领域,通过以上措施的持续推进,两化融合指标情况上升趋势显著。

对标分析:相比于案例企业通过信息化打通企业层、执行层、设备层的纵向数据链,以数据为中心进行数据研发,反馈于生产数据,用电子数据取代纸质数据,实现数据集成并避免重复,提升企业竞争力,西南油气田公司在数据采集和开发利用方面尚缺乏统一的标准和总体规划,尚未实现数据全面实时自动采集,存在数据质量参差不齐、数据不互通、业务模型难沉淀、数据分析利用能力不足等多方面问题,距离建成数据驱动型企业还有很长的路要走。

8.5　常态化开展融合评估诊断

按照《工业企业信息化和工业化融合评估规范》(GB/T 23020—2013)的要求,组织可对其两化融合发展现状和问题进行全面评估、分析与诊断,并可借助两化融合服务平台了解其总体及各项关键指标与行业标杆和平均水平的对比情况,明确持续改进的重点和方向。组织宜对两化融合评估与诊断的职责、流程、周期、内容和方法等做出制度化安排。组织依据自身特点和需求制定个性化的两化融合评估体系时,应保持与 GB/T 23020—2013 评估框架的一致性。评估应覆盖与新型能力相关的所有职能和层次。评估过程中应对指标的内涵、数据收集和选取的方法等进行明确,确保数据的真实性和准确性。组织可在两化融合管理体系建立之前及新型能力打造之初,开展评估、诊断和对标,识别差距,明确两化融合的切入点和关键环节。

组织应按照策划的周期开展系统性评估,对照之前的评估结果、行业标杆和行业平均水平,对两化融合实施与运行过程的适宜性、新型能力目标的达成情况、可持续竞争优势的获取结果进行分析和诊断,寻找存在问题的原因和改进机会。

以轨道交通行业某中央企业为例,该企业多次开展两化融合管理体系与对标引导项目,进行评估诊断与对标引导、管理体系贯标及评定跟踪、管理体系评定成果总结等一系列两化融合评定对标工作。周期性开展两化融合发展整体性水平和等级评定,将评估工作常态化并作为集团摸清两化融合推进现状和问题、把握发展趋势和规律的重要抓手,引导各级负责人、各分管部门及各业务线找到正确的发展方向和实践路线。结合企业自身特点,不断优化和完善对企业及其公司的个性化信息化考核与两化融合内部审核管理办法和规定。建立鼓励机制,提高业务部门对新业务和新模式的积极性和参与度。将两化融合内部审核和考核结果与绩效体系相关联,持续改进内部审核制度和考核指标体系及其相关规定,逐渐形成以企业新型能力为主线的绩效考核机制。此外,该企业为推动评估工作的更高效进行,并行开展的项目内容还包括新型能力体系规划、两化融合培训体系构建等。

对标分析:相比于案例企业持续周期性开展两化融合评估诊断对标引导工作,结合企业自身特点,通过鼓励机制、内部审核结果与绩效关联等制度,不断优化和完善对企业的个性化信息化考核与两化融合内部审核管理办法和规定,推动评估工作高效运行,西南油气田公司对现有能力的评测指标的设定和定义不清晰,内部审核结果与绩效关联性不强,内部审核制度和考核指标体系及相关制度规定不能很好地支撑两化融合管理体系的有效实施和新型能力的打造与持续优化,尚未探索形成以新型能力为主线的绩效考核制度,有效的激励约束机制和实施范围还没有真正形成。

8.6 强化制度管理规范化与标准化

形成两化融合管理体系文件化信息的目的是向员工和其他相关方提供所需的信息,传播和保护经验知识,提供必要的证据,并确保理解和执行。组织应依据《信息化和工业化融合管理体系要求》(GB/T 23001—2017)中 4.4.3 要求的内容形成文件化信息,并根据所使用的方法、所需要的技能、所进行的培训及所要求的管理力度确定文件化信息的详细程度。其中,对于两化融合管理体系及其过程的建立、运行和控制应有的途径和方法,是否形成文件化信息取决于能否确保这些过程有效。若组织决定对某一过程不形成文件化信息,则须通过交流或培训,使员工和其他相关方了解应达到的要求。在文件化信息的采集、标识、存储、保护、检索、保留和处置等过程中,应充分应用信息技术手段,不断提升其动态性、实时性、准确性和全面性,并力求简便易行。

某高端医疗器械制造企业重点围绕国家对于两化融合相关标准的深入解读、集中学习、体系策划、文件编写、培训实施等展开两化融合相关工作。该企业围绕相关标准初步建立起一套符合企业实际情况的两化融合管理体系,在管理职责、基础保障、实施过程等管理域中形成完善的工作体系,并建立文件化的两化融合管理体系。通过企业各部门对两化融合管理体系的有效执行,确保企业航卫通用电气医疗管理层及员工能够正确认识、深入理解两化融合管理体系的要求、基础及实施方式,从本质上提升企业两化融合建设和管理水平。该企业发布了两化融合管理手册及配套文件(具体包括手册、程序文件、支持文件、记录表单)。在文件体系发布前进行了较为全面的培训。经过 3 个月的体系文件试运行,针对各部门进行了内审培训和考试。贯标期间进行了多次、各层级的两化融合培训、体系文件编写培训、体系试运行前培训、内部审核培训等工作。IT 部作为两化融合具体实施的主责部门,负责监督管理两化融合管理体系运行情况,具体负责两化融合管理体系相关文件的编写、修订以及相关记录的管理,组织内审管理评审,对纠正措施的实施情况进行跟踪及验证。该企业开发建设了 E-learning 在线学习系统,并在过程中不断优化和完善学习内容,通过在线学习系统的建设,创造更好的内部学习环境和氛围,提升内部员工学习效率。同时,还建设了 My work shop 在线文档管理系统,方便各类文件文档管理。

对标分析:相比于案例企业通过对两化融合管理体系相关标准深入解读、集中学习,建立起一套符合企业实际情况的两化融合制度文件体系,在管理职责、基础保障、实施过程等多方面推进两化融合管理体系的实施运行,保障制度规范的宣贯和落地实施,西南油气田公司制度文件体系的建设和运行还存在系统性和完整性不足、有效性和适宜性有限、宣贯和执行不到位、管理机制尚未建立健全等突出问题。

8.7　多维度实施考核与激励

根据《信息化和工业化融合管理体系》系列国家标准的要求,企业应将新型能力打造过程中相关人员的绩效纳入组织的绩效考核体系,并逐步探索形成以新型能力为主线的涵盖绩效、考核、薪酬和晋升的管理制度。从目前优秀企业的典型经验和做法来看,绝大多数相关企业能够将两化融合目标以及新型能力建设和运行过程中相关指标纳入绩效考核,形成有效、适宜的绩效考核管理机制。

以某轨道交通行业大型集团企业为例,该企业建立了全员绩效考核管理体系,根据公司目标,明确重点工作和目标,将指标分解到部门和员工,形成年度考核协议。年度协议分解到月,每个月都有具体目标。绩效考核主要包括月度部门考核和年度考核。年度目标管理责任书采用百分制进行积分考核(年度考核得分为重点工作考核得分+关键业绩指标考核得分+管理专项考核+部门财务预算执行考核得分+服务满意度考核得分)。月度考核由财务预算考核、重点工作考核及员工行为规范考核三部分组成,月度考核结果由 OA 系统按照权重直接得出。该企业建立了淘汰制度,每年有几个百分点的淘汰指标,形成优胜劣汰的氛围。对于两化融合的绩效考核,该企业能够对两化融合实施以及新型能力建设和运行过程涉及的岗位进行有效识别,并建立了匹配于岗位的绩效考核制度,考核员工能否在工作中根据相关规定开展项目和操作。该企业会与涉及融合工作的员工签订职能部门目标管理考核责任书,每月月初会导出上个月的关键 KPI,包括相关 KPI 数据、整体项目超期率、项目及时完成率等数据指标和项目当月统计分析,并结合考核办法进行激励,将数据共享给相关部门,再结合相关激励管理办法,按月、年进行及时、有效的常态化激励和考核。

对标分析:相比于案例企业对两化融合实施以及新型能力建设和运行过程涉及的岗位进行有效识别,并建立匹配于岗位的绩效考核制度,将企业目标分解到部门和员工个人,建立月度考核和年度考核,并建立淘汰机制,西南油气田公司绩效考核制度与两化融合实施及新型能力改造的关联性不强,职称评定、工资绩效等均没有与信息化工作绩效有效挂钩,多维度考核与激励没有实施到位。

第9章 西南油气田两化融合赋能转型成果

西南油气田公司实施两化融合3年多来,已形成良好的整体架构体系,提出了符合企业自身发展建设路线,并且在实践中很好地进行了实施,在两化融合赋能方面取得了长足的进步和丰硕成果。公司依据《西南油气田公司"十三五"信息化发展调整规划》构建了新型能力体系;从整体规划、业务部门的积极性与参与度、新模式和新业务的扎根和推广需要的作业流程和生产制度、人才的组织模式四个方面对两化深度融合进行了全面系统布局;根据中长期业务发展规划编制要求,结合自身战略目标及竞争优势开展了新型能力识别和策划;设立信息部,对业务部门信息化建设的统一管控和指导,制定《两化融合指标评价体系》对项目进行测评,制定《软件开发项目过程管理规范》强化规范执行力度,统筹信息化项目顶层设计;健全两化融合的策划设计和统筹运行管理机制,保证高效实施、保持和改进两化融合管理体系;进行一系统的创新问题解决,保证高效实施数据开发利用;从制度文件体系系统完整、制度文件体系有效性和适宜性扩展、完善制度文件体系管理机制三个方面健全两化融合管理制度文件体系;设立新型能力评测改进与绩效考核制度规范;基层员工两化融合的意识极大提高。

9.1 构建完成新型能力体系

经过两化融合评定和第一次监督审核,依据《西南油气田公司"十三五"信息化发展调整规划》,西南油气田公司在新型能力策划和打造方面做了大量基础性工作。随着国内外竞争环境的变化和信息技术的创新突破，公司提出了"三步走"发展战略和加快推进"油公司"科技体系建设的宏伟蓝图。"油公司"模式改革以业务归核化发展为主导，以组织结构扁平化为支撑，以数字化建设为手段，突出主营业务，精简组织机构，压缩管理层级，优化资源配置，配套管理机制，强化激励约束，为公司全面决胜 300 亿、加快推进 500 亿战略大气区建设，实现高质量稳健发展提供有力支撑。在"油公司"模式下，应重点围绕"价值流"实现全面的集成和协同，加快一体化管控、全生命周期管理、产业链整合、深度纵向集成、新模式培育和大数据开发利用等，努力探索实现数字化转型与新一代信息技术深度融合发展。

现阶段西南油气田围绕公司战略重点，已识别出勘探开发一体化、产运储销一体化、市场营销与客户管理、科技创新体系等优势，并着力形成成本管控、劳动组织模式、安全环保节能新优势。相对于西南油气田新时期的发展战略，目前已经形成的战略 - 优势 - 能力架构的体系性、层次性和阶段性均得到了有效匹配。在新型能力的分级、分类、分层实施和打造方面进行了完整的顶层设计，重点突出，避免了重复建设的风险。新型能力体系在围绕"价值流"实现全面集成和协同方面得到了调整和升级，能够支撑全生命周期管理、产业链整合、深度纵向集成、新模式培育等方面的内容，对战略的支撑和对应关系应更为清晰，使新型能力体系策划对新时期企业战略的支撑作用进一步得到了加强。

9.2　全面系统布局两化深度融合

两化融合是企业的战略任务，覆盖企业全局，需要采用系统方法，将相互依赖与相互关联的相关活动和过程视为一个系统，从全局角度对企业两化融合的整体运行进行全面管理，加强两化融合相关活动和过程的有机关联，实现动态改进和全局优化，以确保有效形成新型能力，不断提升两化融合的总体成效。西南油气田完成了全面系统布局两化深度融合的工作布置。一是在整体规划层面，对整体与局部的分解关系和分工协作机制进行了完善；二是业务部门对新型能力打造和信息系统建设的积极性和参与度得到了空前提高；三是建立了新模式和新业务的扎根及推广所需要的作业流程和生产制度配套，如建立了"中心井站＋无人值守"模式；四是结合高校资源大力引进信息化复合型人才，对人才的组织模式进行了必要调整，使引进的人才得到了最大限度的能力发挥。

9.3 深入打造新型能力

新型能力打造对于企业推进两化融合建设，推广先进管理经验，推动企业持续创新，实现两化融合水平整体提升，加速产业转型升级具有重要意义。西南油气田根据中长期业务发展规划编制要求，结合自身战略目标及竞争优势，围绕油气生产过程一体化智能管控、作业区数字化管理效率提升、油气生产经营效益实时评价、油气生产设备精细化管理、油气生产管道一体化管控、勘探开发一体化业务协同、科研协同创新和市场分析与营销决策支持，开展了新型能力识别和策划。对新型能力内涵与外延的认知有了充分提高。目前的新型能力策划不仅聚焦于重点业务板块和环节，在知识资产沉淀、转移、内化和再创新，以及对数据资产的管理、创新应用和数据价值变现的内生需求方面都已经进行了深入的探讨和实践，树立了西南油气田创新发展理念，持续稳定获取创新的成效。

在打造新型能力的过程中，目前西南油气田形成了数据、技术、业务流程、组织结构四要素的互动循环，避免了在不同信息化系统中数据多头录入、标准不统一、功能重复开发、信息与业务融合不紧密等问题，解决了多年来困扰着企业的数据库多、平台多、孤立应用多的"三多"现象。把信息化应用从报表阶段提升至深度应用与智能化应用水平，对大部分业务领域信息化与业务实现了深度融合，数据、知识成果、软硬件、技术资源共享程度高，新技术应用推广深入人心。西南油气田已将技术的进步、组织结构的变革、业务流程的优化和数据价值挖掘转化成了企业的新型能力。

9.4　统筹信息化项目顶层设计

在实施两化融合贯标之前,西南油气田的信息化项目由于缺乏总体设计,常常在没有理清现状、远景、目标与步骤的情况下就匆忙上马,导致在建设、运行、管理与运行效果等方面出现较多问题,如"信息孤岛"问题、"华而不实"问题、"重建设、轻运营"问题、标准统一问题、灵活性与扩展性问题等。两化融合贯标之后,为避免以上问题,西南油气田对系统建设的各方面、各层次、各种参与力量、各种正面的促进因素和负面的限制因素进行统筹考虑,理解和分析影响信息系统建设的各种关系,从全局的视角出发,进行整体技术结构的设计,做出各种管理和技术决策,制定相关规章制度,提出体制和业务的改进建议。

西南油气田在信息化项目建设及管理方面着手解决的问题有:一是设立信息管理部,保证各部门、各专业主导建设的各系统间信息沟通不存在鸿沟;二是业务部门的信息化建设由信息管理部统一管控和指导,加强历史分步建设的统一规划;三是针对油气田系统林立、投资主体多元、系统建成周期跨度较长、系统应用的效能评价不清晰等问题,制定《两化融合指标评价体系》,通过体系对项目进行评测;四是制定《软件开发项目过程管理规范》,并强化对规范的执行力度;五是信息管理部强化对统建系统的升级、迭代、推广,限制自建系统的数量和规模。

9.5　高效实施、保持和改进两化融合管理体系

西南油气田两化融合的策划设计和统筹运行管理机制健全,高效保证了两化融合管理体系实施、保持和改进工作的进行。一是解决了多体系管理融合的问题,基层员工在贯彻管理体系时做好多体系的整合工作,信息管理部对各种管理体系、综合事务进行统一和简化,对管理盲区和不明确的地方进行梳理和重构,体系的运行效率大大提升。二是协调简化沟通方式,基层会议任务相当繁重,关注自身

业务发展的精力不够,各种信息化设备设施标准不统一、难兼容,仅多系统的接口和流程协调性的工作就占用了大部分的时间和精力,这一系统问题通过信息管理部在各基层单位设立的信息员进行问题收集,提出启发式的解决方案,供信息化专家参考。三是实施多部门协同管理,目前由信息管部负责统一指导,尤其是协调科研单位与其他部门之间的问题,业务部门关注的维度和科研领域不一样,由信息管理部统一进行信息化架构,确保在执行的时候不散乱,并保证多数信息应用系统兼容,提高跨部门工作效率,将各业务部门相对独立的、缺乏系统性的想法和建议进行融合。四是信息管理得到突破,扭转了陈旧的思维与管理模式,主要体现在信息和业务深度融合,基层和机关业务管理积极参与进来。机关业务管理层级、业务部门积极思考怎么围绕战略、支撑战略,目前能力打造和具体项目之间得到相互匹配。通过两化融合信息管理平台,做到机关和基层信息对称、机关专业部门对基层信息及时把控、基层对相关政策信息正确掌握,彻底改变了过去"等、靠、要"的思维惯性,部分流程执行效率提升,控制执行到位。

9.6　高效实施数据开发利用

西南油气田围绕数据开发利用的整体规划,对主要业务环节的数据采集、数据存储、数据传输、数据分析、数据安全、数据标准等问题进行了创新解决,主要体现在以下方面:

(1)总体规划和统一标准。开展大数据开发利用的总体规划,设置具体的目标与定位、统一的指标体系与技术标准。信息接口的数据标准有明确的定义,数据标准统一。目前的数据交互基本执行严格的数据标准化,数据质量得到把控,部分系统平台存在功能重复与数据重复录入问题得到根本改变。

(2)数据质量层次鲜明。数据质量是严重影响用户对数字技术的信任和接受程度的因素。数字化气田要采集大量的传感器高频数据,数据质量参差不齐。西南油气田通过有效的数据清洗,保证数据的有效性,确保数据来源清晰、准确、及时。以往数据填报主要靠手工的方式不仅给基层带来额外工作量,也使数据质量不能保证。目前大多数信息系统已从以前基于流程驱动的方式过渡到基于数据驱动的理念。为落实让数字化平台成为科研、生产的协同工作平台,提出以工业实时数据为核心的数据驱动分析是智能化气田建设的关键技术。西南油气田在数字化建设中增强了数据验证和调节功能,提高了数据可用性。

(3)实现数据互通。系统数据不互通,数字化移交管理平台与各系统之间互通性较差,信息系统不兼容,尤其是原始系统与新系统不兼容;统建、自建系统众多,建设先后不同,多种系统平台,多个专业数据库,导致相互之间数据不能通用,多类专业数据局限于部门内部交流,信息孤岛多,在客观上造成了多头采集和不集中存储。这是进行两化融合前许多企业的通病。西南油气田建立了专门的勘探与生产数据中心,对历史数据进行有效分析和清理,充分发挥大数据技术的优势,将勘探开发生产数据、营销数据及客户数据,以及分散在勘探开发生产管理平台、营销管理信息系统、客户信息管理系统及 ERP 系统营销板块上的数据进行有效整合。数据整合为支持决策发挥了重要作用。

(4)数据分析利用能力提升。"僵尸"数据现象在企业两化融合中较严重,使得很多企业数据库沉淀的数据利用率低。为解决此类问题,西南油气田与国内多家高校和研究院进行合作,基于业务、岗位关系管理性质的数据集成模型,实现了管控水平的提升。例如,油气矿管道运行方面建立在线动态智能分析模型,依靠系统自动进行计算判断,实现风险预报与实时报警,及时发现异常,提升应急处置效率。另外,为实现智能管道、智慧管网的目标,引入多种仿真软件,让"数据孪生"。在管网流态模拟、管道腐蚀预测、动态分析、生产科学辅助等方面,对数据进一步开发应用。同时,在定价和客户关系管理方面,现有系统增加了智能分析功能、评价模型支撑和预测性分析模型等。

（5）实现数据全面实时自动采集。以前因多期次建设、多厂商技术、多数据库、多系统、多表格等因素，导致数据多源，基层数据重复录入工作量大。数据处于双轨制运行，大部分业务数据实现电子录入和线上存储，但纸质或线下表单没有更新。建立勘探与生产数据中心以来，在彻底贯宣两化融合的政策下，实现了数据的单轨运行机制，保证了数据录入的简单化。通过引入新型数据库系统，实现了大量实时数据的存储。实现大部分数据由采集器自动采集，避免了数据填报不真实、数据采集存在虚报等问题。在必须使用人工填报时，加强移动终端的使用，平衡信息安全和用户友好性。同时，对管道全生命周期数据采集认识的提升避免了数据应用盲区，扩大了数据采集范围，数据系统性和完整性得到了完善，进一步满足了各专业业务对于数据的需求，提升了数据的进一步加工利用。

9.7 健全两化融合管理制度文件体系

一是制度文件体系系统完整。形成完备和充分的两化融合管理体系文件化信息是《信息化和工业化融合管理体系》系列国家标准的核心内容。西南油气田根据自身的需要制定了 75 个相关管理文件，现有的两化融合制度文件体系实现了系统性和完整性。一方面，从系统性角度看，两化融合制度文件体系层级结构清晰，形成了从方针、目标、管理手册到程序文件、作业文件再到相关记录的整体性、系统性两化融合管理体系文件架构，各级文件的层次性、顺序性清晰明确。另一方面，由于文件体系的整体系统性较好，相关文件完整性也完备，西南油气田现阶段基建项目和设备管理规范、制度健全，数据采集填报规范，二维码标识使用规范，数字化移交和在线归档制度、在线归档数字签名管理规定等文件完善；关键系统运维管理制度齐全，运维流程明确清晰，对系统变更管理职责的工作规范要求统一、规范；关键业务系统开发方编制的配套文档材料完整，包括试运行建议书、系统测试计划和系统维保计划等，对软件的全生命周期工作进行了详尽说明。

二是制度文件体系有效性和适宜性得到扩展。保持两化融合管理体系文件有效性和持续适宜性意义重大，也是《信息化和工业化融合管理体系》系列国家标准的重点要求。西南油气田现有的两化融合制度文件体系的有效性和适宜性持续得到了扩展。从有效性角度看，两化融合制度文件体系应对必要的过程和活动均有相应的规定和描述，并根据过程的复杂程度、现有人员能力满足过程所需能力的程度以及对该过程的管理力度等确定文件的详细程度。西南油气田的《两化融合管理手册》与《两化融合实施过程管理办法》作为纲领性文件，与具体的业务管理制度紧密结合，《两化融合管理手册》中涉及的内容涵盖了具体落实的相应管理制度，夯实了责任落实，保证了执行到位。从适宜性角度看，两化融合制度文件体系应持续改进以确保与组织的战略发展、机构规模、经营运作特点、自身管理经验及组织人员的素质相适应。文件内容中具体描述和规定一致，引用了最新的行业相关标准。例如，《川东北气矿信息系统运维服务方案》与《2017 年川东北气矿网络与信息安全突发事件专项应急预案》等文件根据最新应急预案行业标准，对事件和故障的定义清晰，明确事件、故障、问题的含义及之间关系。

三是健全制度文件体系的管理机制。文件的形成本身并不是目的，而是帮助企业构建获取／保持可持续竞争优势，实现新型能力目标的增值活动和实现路径。建立从文件编制、发布到两化融合制度文件体系的实施、保持和改进的管理机制至关重要。目前西南油气田形成了完善和健全的制度文件体系管理机制，涵盖文件制定、发布、实施培训、文件试运行、日常监控及考核、纠正与预防等方面的持续改进的动态管理机制流程。西南油气田现有的制度制定流程设置明确，涉及文件制定、实施、保持和改进的职责清晰，划分充分、意识到位、执行力强、监控手段完善。文件制定发布后，充分进行宣贯，使广大员工认识到位并督促文件的执行，从而实现员工对具体工作习惯的快速转变，也体现出对文件体系的试运行，宣贯，有效性、充分性和持续适宜性的评价工作水平有了很大提升。对已实施运行的制度文件体系,相关优化与改进升级的管理机制已经落地生根。西南油气田能够根据公司的内外部环境变化、发展战略的调整及时更新制度文件体系,在制度文件体系的纠正与预防措施上能够快速跟进。这在很大程度上提升了相关文件的持续改进和自我完善能力,文件体系的运行效率提升迅速。

9.8　新型能力评测改进与绩效考核制度规范

为有效打造符合信息时代趋势的新型能力体系,稳定获取创新成效,要求组织建立、实施、保持和改进两化融合过程的管理机制。为充分调动全员推进两化融合积极性、自觉性和创造力,企业首先应以实现员工个人与企业的共同发展为宗旨,建立员工培养和发展机制,完善企业文化,在通过信息化确保企业整体运转规范、高效的前提下,尽量为员工的日常工作开展和相互沟通提供便利,并给予其足够的发挥空间,激发其创造力;其次,企业应建立精准的全员两化融合考核奖惩机制,明确员工的相关职责,并为员工履行职责提供帮助,客观公正地评价员工的贡献并给予激励。

西南油气田本着以人为本的思想,充分尊重员工,积极调动员工积极性,在新型能力评测改进与绩效考核制度方面取得了显著成绩。在新型能力测评方面,制定了更清晰明确的能力评测指标,在设定和定义上也更清晰明确;同时,随着新型能力体系的不断更新,相应的评测指标也及时进行了修订。现在的指标体系整体目标突出,与实际工作情况紧密结合,相关指标是具体的、可测量的、可实现的且有时间要求的。在考核与内审方面,主要体现为四方面的特色:一是两化融合内部审核和考核结果与绩效考核体系之间的关联性被加强;二是内部审核制度和考核指标体系及相关制度规定能很好地支撑两化融合管理体系的有效实施和新型能力的打造与持续优化;三是现有内审和考核指标能完全匹配即将更新的战略规划和能力体系;四是探索出一套以新型能力为主线的绩效考核制度,形成有效的激励约束机制和实施范围。西南油气田现阶段的职称评定、工资绩效等与信息化工作挂钩,各单位在收入分配改革上迈开了步子,分配上不再"撒胡椒面",该高的高,该低的低。精准激励真正实施到位,分配的导向作用也充分体现出来。员工的生产效率自觉提高,加上落地的信息化软件产品,员工使用熟练程度得到提升。基层单位多次向信息管理部提出,要求组织员工进行信息化学习,提升信息化软件使用水平。

9.9　基层员工融合意识极大提高

通过两化融合的宣贯,西南油气田的业务部门基层员工的两化融合意识和认识高度得到极大提升。西南油气田管理部门首先将公司顶层战略、竞争优势、核心能力与信息化建设贯通起来考虑,从两化融合管理的方法体系考虑,克服以前往往停留在信息系统建设层面,常常只注重建设各种信息系统及管理系统的弊端。这样就真正让两化融合管理体系贯标成为由基层部门参与文件编写、针对一线生产需要的刚需模式,营造出本质贯标、踏踏实实、轰轰烈烈、全员参与管理变革的氛围。

目前西南油气田公司虽用工总量较大,但人均劳效不高,年龄老化,生产辅助及低端业务人力资源投放大,经营管理、专业技术、操作技能三支队伍结构分布不合理。不过,公司在两化融合人才引进方面下足了功夫,先后从电子科技大学、四川大学、西南石油大学引进人才 20 余名,聘请专家 10 余位,有效补充了从事融合工作的专业技术人才数量,为两化融合的实施提供了智力支撑。公司打造的人力资源统一的信息管理、绩效考核平台,能对人才的数量和质量进行有效管理,每半年针对两化融合和信息化工作会提出翔实的人才需求清单,人力资源部根据清单及时进行招聘。这些工作的实施使西南油气田从事两化融合工作员工的数量和个体能力得到了提升。由信息管理部牵头,联合相关高校、研究院资源,每年对基层员工进行 20 余场信息化培训,并将两化融合的主力员工送到高校进行封闭式培训,以提高业务能力。针对以前员工在两化融合工作中的绩效难以测算的问题,公司每年加大信息化方面的绩效计算比例,并且适时对绩效计算方案做调整,以适应不断深入开展的两化融合工作。

西南油气田公司每年招收人才百余人,公司将两化融合宣贯加入员工入职初期的培训中,将两化融合融入企业管理理念、企业文化、基层岗位培训中,让员工一开始就逐步理解、掌握两化融合管理体系的管理思想、管理原则和管理方法。

第10章　新时期两化融合发展展望

西南油气田公司致力于推进新时期两化融合工作的开展：

（1）引入两化融合管理体系指导方法，助力建成数字化气田。公司全面贯彻"中国制造2025"的要求，在准确界定石油天然气采掘业信息化与工业化融合管理体系内涵和外延的基础上，依据工业和信息化部两化融合管理体系的本质贯标的要求，以公司战略为出发点，识别和确定可持续竞争优势需求，通过新型能力的打造支撑战略落地，围绕"战略循环、要素循环、管理循环"的体系架构，提出石油天然气采掘业两化融合管理体系构建的通用模式。结合自身实际，以两化融合管理体系方法论为基础，借助SWOT分析工具梳理战略优劣势，识别公司可持续竞争优势需求和新型能力及目标。通过推进实施方案、明晰评审和确认机制等方式，持续打造公司新型能力体系，获取可持续竞争优势，助力公司2020年全面建成数字化气田。

（2）加快数据利用步伐，助力实现"共享中国石油"。在两化融合管理体系建立、实施、保持和持续改进过程中，公司始终以数据为核心，关注数据、技术、业务流程和组织结构核心四要素的互动创新和持续优化。公司及各单位积极推进对数据资源的综合治理与集成，以两化融合体系建设为契机，加快数据利用步伐。一方面，公司全面梳理勘探与生产数据的开发利用情况，持续开展数据治理方案研究；另一方面，升级开发生产实时数据管理工具，提高数据平台数据接入的规范性、一致性、准确性，加强数据派生应用。公司计划全面实现气藏研究数据、生产数据、经营数据、实时数据等环节数据的统一管理，从而实现勘探研究优化、生产工艺优化、地面工程优化、生产计划优化、组织机构优化、投资结构优化，达到以经济效益为核心的工业数据价值提升目的，并充分发挥数据要素的创新驱动潜能和共享水平,为信息化与企业战略目标匹配提供全新的管理与技术手段,助力公司实现"共享中国石油"。

（3）有效提升管理水平,进一步优化业务流程,助力气田可持续发展。借助两化融合体系建设,公司进一步提高了管理水平,优化了业务流程与组织结构,提升了发展质量。

通过信息技术与管理制度、操作规范的深度融合,实现管理过程的标准化、痕迹化,实现专业全覆盖。一方面,有效降低建设投资及运行成本,为后备资源有质量、有效益的开发动用创造条件;另一方面,创新培训、考核、监督工作模式,重新梳理体系文件、操作规程,优化运行参数、故障提前预警,为实现"本质安全"提供技术手段和制度保障。

通过两化融合管理体系建设,构建方针明确、决策高效、管理规范的信息化项目管理模式,细化项目组织机构的工作界面、工作职责及工作任务,强调业务信息化管理需求、业务流程与组织机构优化需求、拟打造的业务领域新型能力目标的识别机制,强化过程管控,严把项目"三关"（立项、中检、验收）,有效确保信息化建设项目推进高效规范、执行到位。

此外,通过两化融合体系建设,压缩生产单位组织层级,优化组织结构,使组织运行更加匹配内外部环境变化,助力实现公司生产、经营管理提质增效,助力实现气田可持续发展。

10.1 西南油气田两化融合贯标后续工作指南

西南油气田公司于 2017 年开始两化融合贯标评审工作,并在近年的工作中不断突显两化融合工作的重要性,形成科学的两化融合推进机制和管理模式,探索形成了一套以管理体系标准引领两化深度融合发展的新路子。经过 3 年贯标实践,两化融合管理体系标准在企业战略转型、管理优化、生产模式和服务模式转型等方面的作用日益显现。两化融合贯标后续工作还很重要,后续工作主要包括以下内容。

10.1.1　加大两化融合力度，增强公司发展内生动力

西南油气田公司将以集团公司重大科技专项"西南油气田上产300 亿方勘探开发关键技术研究与应用"为核心，加强科技攻关组织，解决公司上产技术瓶颈。将科技进步贡献率保持在 60% 以上，并大力推进信息技术与勘探开发主营业务两化融合，全面建成国内一流的数字化油气田。

（1）强化技术发展体系。开展各级科研及现场试验项目 134 项（其中国家重大科技专项 2 项、集团公司重大科技专项 1 项），形成 9 项具有跨越性、标志性的配套技术。

（2）完善两化融合组织体系。立足两化融合业务发展支撑，构建"层次清晰、布局合理、分工明确、精干高效"两化融合组织体系，提高技术研发水平和决策支持能力，形成"五院三中心十一所"格局，天然气经济研究所改所建院，同时在生产单位新建 4 个研究所。

（3）以两化融合为支撑，健全科技平台体系。以提升公司科技储备能力和原始创新能力为主要目标，完善和提升现有 17 个实验室／现场试验基地的整体水平。运行完善国家能源高含硫气藏研发中心，建成 1 个国家级重点实验室；新建 3 个公司实验室，完善 3 个省部级重点实验室和 6 个公司重点实验室，挂牌运行 4 个公司重点实验室。博士后工作站在 14 个专业吸纳优秀博士进站工作，预计进站人数 31 名。

（4）优化科技保障体系。进一步深化科技制度改革，推行管理、科研"双序列"，设立两化融合专项人才岗位，试点推广完全项目制管理，优化科技成果创新创效等激励机制，提升科技创新能力。突出人才培养，优化科技人才梯级结构，积极推进领军人才、创新人才和国际化人才 3 支队伍建设。完善科研基础设施，创建有利于科研和试验的硬件环境。加强基础管理，完善科技成果管理机制，研究落实自主创新技术与成果推广的配套政策措施。

（5）全面贯标两化融合，建成数字化油气田。2017 年初步实现数字化生产经营管理，2020 年初步建成智能油气田，实现生产运行实时优化、项目研究协同化、决策分析智能量化、生产经营业务一体

化高效运作,达到国内一流数字化油气田水平。

10.1.2 加强人力资源建设,建成专业两化融合人才队伍

"十三五"期间公司根据建设 300 亿战略大气区的需要,建立健全人力资源管理机制,创造有利于人才发展的良好环境,形成一支总量适宜、专业配套、梯次合理、素质优良的员工队伍。

(1)加强用工管理。到 2020 年,用工总量负增加。通过压缩总量、用好增量、盘活存量、加强流动,年均综合减员,补充时主要考虑补充高层次人才、两化整合人才、紧缺的技术和技能人才。

(2)调整队伍结构。合理配置人才资源,加强人力资源开发,着力培养领军人才、复合型人才、两化整合人才和国际化人才,形成与公司发展规模相适应、结构合理的专业人才、专家人才和高级人才队伍。到 2020 年,管理人员实现负增长,专业技术人员计划增加 600 人左右,其中增加两化整合人才 400 人。

(3)提高队伍素质。持续提升 3 支队伍人员素质,促进人力资源向人才资源的转化。到 2020 年,集团公司级、公司级专家队伍的总数增加 1 倍,其中两化融合专家队伍人数增长超过 150%;大专以上学历人员占员工总量的比例由目前的 52.6% 增加到 57.2%;中级以上技术职称人员占管理和专业技术人员总量的比例由目前的 58% 增加到 61%,技师及以上操作技能人员占操作员工总量的比例由目前的 4.5% 增加到 6%。

(4)优化机构编制,对两化融合重点单位政策实施倾斜。一是持续推进内部业务重组。重点做好"瘦身健体、提质增效"工作,建立"不养低效无效机构"的理念,对区域分布相对集中的相同、相近业务进行梳理,适时进行整合,撤并低效无效机构,减少管理资源浪费,降低运行成本。二是抓好机构编制优化调整。按照集团公司全面深化改革和控制机构编制、控制用工总量、控制人工成本、规范薪酬分配秩序的"三控制一规范"工作要求,结合公司生产经营业务发展规划,持续优化各单位的业务结构,规范各单位机构编制管理,清理各类临时性机构,对深入开展和实施两化融合的单位增加人力和资金

投入。三是探索建立共享服务中心。按照管理扁平化、流程标准化、系统集成化、服务专业化、运营信息化的总体要求,探索建设集中统一的共享服务平台,促进人、财、物和信息在公司内共享。

10.1.3　强化管理创新效益引领,提升现代化治企水平

通过业务流程再造和深化改革,建立高效合理的组织架构,制定科学灵活的战略体系,营造公平、公正、公开的交易环境,建立健全考核评价的效益激励约束机制,实现企业管理工作的科学化、系统化、规范化和标准化管理目标。持续开展开源节流、降本增效活动,实现提质增效。

(1)创新管理体制和运行机制。建立科学灵活的战略管控体系,构建高效合理的组织结构,优化机关机构及职能职责设置,深化勘探与科研体制、机制改革,持续完善以"中心井站"为代表的生产组织管理模式,建立责任共担、利益共享的协作机制,完善激励约束机制。整合未上市业务,重点做好深化矿区服务系统改革等工作。

(2)深化管理提升。全面推进精细化管理,持续开展对标分析与管理诊断,强化管理创新创效,深入广泛开展软科学研究工作,完善并创新适用于公司的管理方法体系,积极推动管理成果转化与推广应用。

10.1.4　保持和改进阶段工作概述

西南油气田公司于 2017 年首次通过两化融合管理体系评定后并不代表贯标工作的结束,根据标准的要求,企业应开展年度监审工作,以确保体系的持续优化和改进。同时,证书的有效期为 3 年,2020 年到期后要及时开展换审工作,整体流程与首次评定一致,区别在于申请的新型能力可根据企业打造的能力优先级进行更换。

年度监审:监督审核共 2 次,即在企业获证后的 2 年内每年执行一次,其审核重点在于核实企业的两化融合管理体系是否得到持续优化和改进,特别是新型能力是否进行支持升级提升。

换审:两化融合管理体系证书的有效期为 3 年,在 2020 到期后应重新递交评定申请。流程与首次评定一致,不同在于企业可按照

能力优先级对申请评定的新型能力进行更换。

年度检查：获得两化融合管理体系评定证书后，为确保企业建立的两化融合管理体系能够持续改进与实质落地，按照标准要求，企业应在获证后的 2 年内每年开展年度检查工作，内容涉及两化融合管理体系文件运行情况、新型能力改进情况等。

年度检查涉及的主要内容如下：

（1）公司基本情况的变更，主要包括公司的组织结构、贯标领导小组和工作小组的变化、公司主营业务与经营情况的变化等。

（2）公司两化融合管理体系相关过程的变更情况，主要包括公司监督审核的新型能力是否变化、公司战略—可持续竞争—新型能力体系变更情况、公司内外部环境变更情况、近一年开展的评估诊断情况、内部审核开展情况、监视与测量情况、考核情况、管理评审情况，以及本次监督审核的新型能力改进升级情况。

（3）针对体系中要求有关资金投入、人才保障、设备设施、信息资源、信息安全的检查工作按照首次申请评定时的要求开展。

复核评审工作的开展与贯标首次评定开展主要有以下不同：

（1）监督审核的时间节点不同。监督审核在获证后的 2 年内开展，每年执行一次。

（2）评定范围不同。

（3）评定机构现场审核的程序不同。

（4）审核侧重点不同。

两化融合管理体系的落地与本质贯标的最佳见证均为新型能力的持续打造，这是企业开展两化融合工作的主线和核心。如失去这一点，体系的有效性将无从谈起。无论是首次评定还是监督审核，这都是重中之重。

10.1.5　持续塑造新型能力

10.1.5.1　时代发展进程中的企业核心能力体系变迁

随着时代发展，企业的核心能力从关注技术产品开始转向关注用户价值,企业的核心能力也从传统能力开始转向新型能力。

通常来说,原材料行业最关注生产管控类能力,装备制造行业普遍致力于提升研发创新和生产管控能力,消费品行业在打造生产管控、供应链管控、用户服务能力方面非常活跃。规模越大的企业对供应链管控、经营管控类能力的关注度越高,不同规模企业对于生产管控、研发创新类能力的关注度相对较为均衡。

研发创新类能力包括基于客户需求的数字化快速定制研发能力,产品研发、工艺设计、生产制造一体化能力,在线、异地协同研发能力。企业核心能力体系变迁如图 10-1 所示。

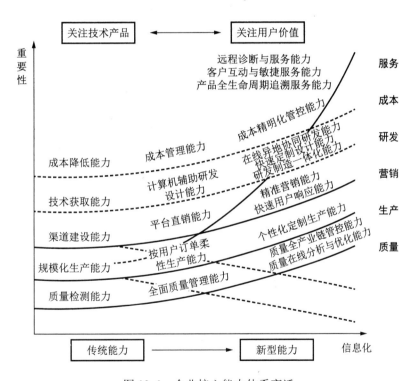

图 10-1 企业核心能力体系变迁

生产管控类能力包括产能平衡与稳定生产,精益生产与敏捷制造,质量、安全、节能、环保、设备的精细化管控。

供应链管理类能力包括供应链协同运营能力,销售、采购、物流、库存的精细化创新管控,供应链金融服务。

财务管控类能力包括财务与业务集成,成本精细化管控,集团型企业财务管控等。

经营管控类能力包括一体化高效经营管控,复杂项目的精细化管控,基于数据分析的智能决策,集团性企业资源集中共享与协同运营。

用户服务类能力包括精准营销、用户互动与敏捷服务,客户订单的快速响应与交付,产品全生命周期追溯。

通过评定企业的新型能力图谱如图 10-2 所示。

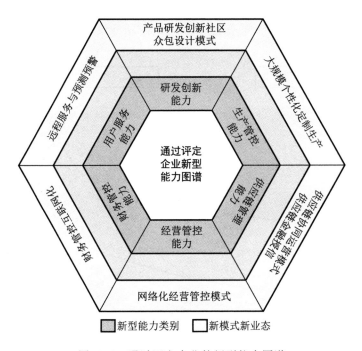

图 10-2 通过评定企业的新型能力图谱

10.1.5.2 新型能力识别与塑造的方法与路径

1)方法与路径的说明

两化融合管理体系明确提出了识别与打造互联网时代企业新型能力的方法与路径。

(1)描述企业发展战略重点。

(2)描述可持续竞争优势需求。

（3）描述信息化环境下新型能力需求。

（4）描述新型能力关键指标。

（5）描述要素循环，从业务流程、组织结构、技术、数据四个角度阐述落地行动。

2）举例说明

● 原材料企业打造产能平衡与稳定生产能力。

（1）企业发展战略重点。加强企业内部管控水平和精细化程度，为产业转型升级赢得时间，使原材料行业平稳渡过当前严峻经济形势的迫切需求难关。原材料行业企业当前战略重点之一是精细管理、降本增效。

（2）企业可持续竞争优势需求。成本优势，能够对产品成本进行更加精细化的管控与核算，为客户提供同品质下价格更低的产品，并快速报价；产品质量优势，能够为客户提供质量更稳定、品质更高的产品；资源能源优化配置优势，能够根据市场环境变化更加灵活快速地调整生产安排，优化资源能源配制，提高有效产出。

（3）信息化环境下新型能力需求。为具备在成本、产品质量、资源能源优化配置等方面的可持续竞争优势，明确在信息化环境下急需打造和提升的重点新型能力，以产能平衡与稳定生产能力为例。

（4）新型能力关键指标。包括但不限于生产计划制定效率、生产调度对生产计划执行的准确率、调度平衡数据分析响应速度、综合商品率、成本核算精度与速度、综合能源情况、装置产能综合利用率、装置非计划停工次数。

（5）业务流程要素。梳理优化原材料行业信息化环境下生产管控过程涉及的关键业务流程，包括但不限于生产计划制定流程、物料平衡与采购流程、多装置一体化调度流程、生产调度指挥流程、生产调度平衡流程、成本核算流程、生产运行监测流程、装置巡检维护流程、风险预警流程等。

（6）组织结构要素。对应生产管控相关流程的优化需求，对相关组织结构及其职责进行优化调整。生产管控流程流转的部门一般包括经营管理部门、生产管理部门、生产调度部门、物料采购部门、设备设施部门、财务部门等。

（7）技术要素。为实现上述业务流程与组织结构，企业按需配置相应的信息技术和工业技术手段，如 ERP 系统，PIMS 系统，MES 系统，APC 系统，DCS 控制系统，数控化、网络化、智能化的生产装置，自动化测量设备，物联网技术等。

（8）数据角度。对于生产管控中产生的信息资源，企业开展相应的数据开发利用工作，优化相关业务，如自动及时地采集汇总产品及原材料市场价格数据、生产运行数据、物料动态数据、物流信息、装置生产能力等，进行建模分析，高效开展优化排产。

● 装备制造企业打造产能平衡与稳定生产能力，如图 10-3 所示。

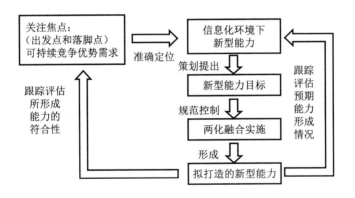

图 10-3　装备制造企业打造产能平衡与稳定生产能力

（1）企业发展战略重点。装备制造领域是全球一体化的开放市场，前沿产品和核心技术一旦领先，同类企业难以在短时间内复制和追赶。装备制造企业当前的战略重点之一是产品高端化、差异化。

（2）企业可持续竞争优势需求。研发设计资源优势，拥有更加丰富的可快速复用和优化的模块化设计基础资源；产品性能优势，装备产品技术性能领先、工艺先进、结构出众、质量过硬、故障率低、使用周期长；研发效率优势，能够更加快速精确地设计出与客户订制需求匹配度高的产品；基于产品智能化的服务优势，基于智能化产品，为用户提供更好的服务。

（3）信息化环境下新型能力需求。装备制造企业为了具备所研发资源产品性能、研发效率、服务等方面的可持续竞争优势,明确信息化环境下亟须打造和提升的重点新型能力,需要发展基于客户需求的数字化快速定制研发能力。

（4）新型能力关键指标。包括但不限于产品研发中有数字化标准结构 BOM 的比例、产品研发设计周期、产品设计与工艺设计的传递效率、客户产品定制化需求的响应时间、产品设计变更次数、设计阶段产品成本测算的准确程度、新产品销售占比。

（5）业务流程要素。梳理优化信息化环境下装备产品设计所涉及的关键业务流程,包括但不限于客户订制化需求的确认流程,研发设计流程,设计变更流程,产品成本预估流程,工会设计流程,产品设计到工艺设计的转换流程,产品参数维护流程,与供应链、配套厂商的协同研发流程等。

（6）组织结构要素。对应产品研发设计相关流程的优化需求,对相关组织结构及其职责进行优化调整。上述研发设计流程流转的部门一般包括产品研发部门、工艺设计部门、财务及采购部门、信息技术部门、销售部门等。

（7）技术要素。为实现上述业务流程与组织结构,企业按需配置相应的信息技术和工业技术手段,如研发管理平台、PDM 系统、二维 CAD 系统、三维 CAD/CAM/CAE 系统、CAPP 工艺制造系统、云平台、物联网、传感器、嵌入式系统,以及相互之间的集成等。

（8）数据角度。对于产品研发设计中产生的信息资源,企业开展相应的数据开发利用工作、优化相关业务,如对客户需求数据进行积累统计和分类分析、优化企业产品结构、扩大标准结构 BOM 范围、对数字化产品图纸和工艺图纸进行积累、扩展可利用的产品模型等。

10.1.5.3　打造新型能力的管理变革之道

由于识别和打造新型能力有可能对原有的习惯和权责进行调整,故新型能力的打造也是一场管理变革,需要遵循管理变革之道,并考虑如下两方面因素：

1）遵循变革曲线

变革曲线如图 10-4 所示。在变革曲线的第一阶段，即变革方案刚引入时，人们往往会感到震惊或者拒绝面对。

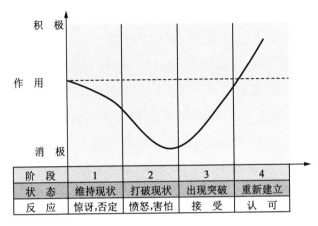

图 10-4 变革曲线

在变革开始实施后的第二阶段，人们会以一些消极的方式来回应，如对变革可能给自身带来的损失感到焦虑或愤怒，对变革方案进行抵制等。如果人们拒绝变革进程，持续停留在第二阶段，将会对变革造成极大的阻碍。

进入变革曲线的第三阶段后，理解和支持会逐渐取代消极的情绪和迟疑不决的态度，为变革带来活力。在这个阶段，人们不再专注于变革带来的短期损失，而开始接受新的思路，探索变革会带来哪些不同，并逐渐适应。

在第四阶段，人们开始自觉拥护变革，并通过改变自己的行为方式来更好地适应新的工作环境。只有在进入这个阶段后，公司才真正开始收获变革的成果。

2）创造心理安全感

根据著名企业文化专家、"企业文化理论之父"埃德加·沙因的研究，变革过程中要为正在经历变革和学习的企业员工创造心理安全感。如何创造心理安全感呢？埃德加·沙因总结了创造心理安全感的 8 项条件：

（1）一个吸引人的愿景。

（2）正式的培训。

（3）学习者的参与。

（4）"家庭式"集体和团队的非正式培训。

（5）实践、指导和反馈。

（6）塑造积极的榜样。

（7）支持性的团体。

（8）建立与变革方向一致的组织系统和结构。

在为企业开展两化融合贯标咨询的过程中经常有这样一个现象：初期接触时，企业都说自己要做本质贯标；过程中发现有大量的协调工作时，就有些气馁、想打退堂鼓，甚至有的企业在贯标咨询过程中还会发生管理代表离职的事情，最后退而求其次。之所以会发生这样的情况，主要是因为没有充分认识到两化融合管理体系的本质贯标是一场深刻的变革，从而做好相应的准备。

10.1.5.4　打造企业新型能力的要点

由于企业的新型能力会随着经营环境和企业的发展阶段不同而变化，企业需要学会打造企业新型能力的系统方法，在每个环节都要有组织能力和专业团队支撑。打造企业新型能力的系统方法可总结为如下 8 个步骤：

（1）侦测企业经营环境，确定企业战略。

（2）提炼相匹配的可持续竞争优势。

（3）界定信息化环境下新型能力体系。

（4）确定新型能力建设目标与指标。

（5）新型能力整体规划。

（6）确定新型能力建模分析。

（7）新型能力实施与维护。

（8）新型能力的评估监测。

对应上述 8 个步骤，打造企业新型能力也有如下 8 个要点：

（1）侦测环境，准确描述企业战略。

（2）精确提炼界定未来的核心竞争优势。

（3）辨识和确立新型能力，建立新型能力体系。

（4）设立实现新型能力合理的目标与指标。

（5）新型能力整体规划。

（6）新型能力模型分析，确定实施计划和变革过程管理。

（7）新型能力相关系统立项实施与系统维护。

（8）对新型能力进行定期评估，实施监测。

之所以提出 8 个要点，是因为在为企业做贯标咨询实践中经常遇到这些问题，希望通过 8 个要点帮助企业对新型能力进行管理的闭环。每个要点的缺失都有可能造成方向走偏或者描述不准确，从而无法界定新型能力。常见的两种情况是：

（1）企业缺乏明确的战略描述，需要通过高层访谈和研讨才能总结出来，这个过程相当于帮助企业做一遍战略梳理。

（2）基于企业的工业化项目或者信息化项目确立新型能力。这基于一个假设：企业在做该工业化项目或者信息化项目时已经经过论证，符合公司的战略规划，并能奠定公司未来核心竞争优势。

10.1.6 深化新时代两化融合政策及理论创新

1）以新时期企业发展战略为导向，健全完善新型能力体系规划

随着信息化和工业化深度融合，工业社会正在加速向信息社会演进，国际产业格局面临重大改变，为中国制造业的转型升级提供了历史新机遇。人工智能、大数据、云计算等一系列新兴技术初步完成了前期的探索式发展，并逐渐向产业和企业应用下沉，数字化转型成为企业转型升级和打好网络化、智能化基础的重要战略。西南油气田可围绕"三步走"发展战略，加快推进"油公司"科技体系建设的任务目标，明确企业数字化转型发展的重点方向和关键环节，从价值

链维度推进一体化管控、全生命周期管理、产业链整合、深度的纵向集成、新模式培育和大数据开发利用，推动西南油气田高质量稳健发展，持续提升公司核心竞争力，实现"三步走"战略目标。

2）以强化组织管理职能为重点，全力推进管理四要素互动循环

两化融合管理体系注重管理与技术相结合，我国企业在推进两化融合的过程中大多存在"重建设、轻运营""管理与信息化两张皮"的现象，旧管理体制、思维和模式难以支撑信息化务实推进和成效发挥。管理基础薄弱，难以从企业可持续发展的全局层面，通过推动数据、技术、业务和组织这四要素的互动循环，按照战略和竞争优势需求形成并持续提升信息化环境下的新型能力。两化深度融合的全局性和系统性有待加强，建议企业加快实现新型能力策划和建设的工作机制转型。

西南油气田公司可考虑以油气田智能化试点示范项目为切入，在开展龙王庙、页岩气、储气库、净化厂等智能油气田试点建设，促进油气田开发生产向"智能化管理"转型升级的过程中，围绕组织机制、项目建设过程和四要素互动循环，进行以下方面的改革与突破。

一是改变原有信息管理部负责组织制定两化融合总体目标、规划和完善新型能力体系及目标的单一工作模式，以业务归核化为主导，按照"管理＋技术＋专业岗位"模式，优化信息化组织结构，为企业积极探索模式创新和业务升级、实现作业流程和生产制度配套打下良好的组织管理基础。

二是推动建立集信息化、管理变革、模式转型及业务流程优化等职能为一体的重大项目管理组织机构，完善重大项目管理办法，特别需要明确项目决策机制和确立与质量进度效益目标密切相关的责任主体。

三是发挥关键业务部门、数据管理及应用等部门的积极性和主动性，从新型能力规划、项目建设实施、运维改进到数据开发利用，业

务部门应发挥牵头作用,机关单位应确保管理机制的匹配和落实。

四是做好技术、业务流程、组织结构匹配性调整,识别技术、业务流程、组织结构、数据开发利用等优化调整需求,确保在正式上线运行前实现数据、技术、业务流程、组织结构的有效匹配。

五是提升企业对两化融合的认知,明确两化融合的内涵和外延,将企业现有的人才激励和科研项目管理考核等重点举措纳入两化融合的范畴当中,扩充现有的两化融合关键部门和相关职责。

六是加强人才培养与引进,两化融合需要懂业务、懂技术、明体系、善管理的复合型人才,企业应结合重大项目建设,大力培养和引进此类复合型人才。

3）以优化项目管理机制为切入,克服信息系统建设存在的弊端

为应对业务部门的信息化建设缺乏顶层统一的管控和指导,投资主体多元,系统重复建设、系统不能集成互通、数据标准不统一等问题,西南油气田公司设立项目管理办公室,对多元投资主体实施的信息化项目进行统筹管理,对相互关联的项目进行管控,对不同项目之间需要共享的资源进行调配,通过协调统一管理来获取单独管理时无法取得的效益。按照信息系统战略格栅,定位企业应用信息系统的作用和重要性,加强信息系统建设的顶层设计与规划。公司投资建设、二级单位自有资金建设项目均需通过项目管理办公室审批及监督。结合信息技术迁移生命周期,区分新兴技术、关键性技术和基础性技术,求取务实简化和引领创新的平衡。围绕项目管理各部门职责、项目过程管理、项目验收管理、项目绩效评价,完善落实项目管理机制。

4）以系统性数据治理为主攻方向,全面夯实数据开发利用基础

忽视数据治理给数据平台建设带来了不少问题。随处可见的数据不统一,难以提升的数据质量,难以完成的数据模型梳理等源源不断的基础性数据问题,限制了数据平台发展和数据应用效果。随着投资和建设的投入增加,企业对数据治理重要性的认识也越来越深

刻。利用大数据的能力来实现数字化转型,在数据治理和数据价值挖掘能力方面还有很多短板需要补齐。建议以元数据为基础,使业务管理与数据管理相统一,实现贯穿数据设计、产生、存储、迁移、使用、归档等环节的与业务协同相一致的数据全生命周期管理,以及数据从来源端到数据中心,再到应用端的全过程的管理。在形成的数据分类管理体系框架的基础上,全面梳理企业信息,集成、整合各级各类数据资源,按照不同数据类别制定相应的工作模板,自动化构建企业的数据资产库,建立管理流程,落地统一的数据标准。提升数据质量,通过数据微服务、智能化知识图谱等方式为用户提供价值。以大数据治理夯实数据开发利用基础,形成更便捷、更灵活、更准确地获得大数据价值和资产的能力。

5)以深化知识资产管理为抓手,加强科技创新与科研成果转化

我国经济正迈入高质量发展的新阶段,科技创新是重要支撑。党的十九届四中全会提出,增强国有经济竞争力、创新力、控制力、影响力、抗风险能力;中央经济工作会议提出,发挥国有企业在技术创新中的积极作用。这些都显示出中央对国有企业科技创新主体地位的高度重视。对于企业而言,需要在技术创新中发挥积极作用。

一是需要深化科技体制改革,形成创新驱动的内涵成长模式,建立符合科研规律的科技管理机制,改革和完善国有企业经营者的考核制度、评价制度与薪酬制度。

二是鼓励支持基础研究、原始创新的体制机制创新,将各业务领域知识结构化,整合系统建设、课题研究、数据资源等知识资产,促进内部各创新主体协同发展,加强知识沉淀、转移和科技成果转化。

三是完善科技管理流程和系统平台建设,通过统一的平台实现项目管理、成果管理、重点实验平台和其他日常化的工作管理。

四是提高研发资金使用效率,加强科技成果向现实生产力的转化,采用计划引导、组织协调、资金支持、后评估评价等手段,促进成果转化。

五是完善科技人才发现、培养、激励机制,建设一支高素质的科技人才队伍,建立合理的创新回报激励机制,采取股权奖励、股权期权等方式调动企业重要技术人员积极性。

6)以健全完善体系文件为保障,提升体系运行规范化与标准化

制度文件体系的健全完善是管理体系运行规范化标准化的前提和基础保障。目前企业在体系文件化管理方面还存在诸多问题,制度文件体系系统性、完整性、有效性和适宜性均有待提升,体系文件化管理机制有待健全。建议企业在现有管理体系制度文件的基础上对各级文件进行详细梳理,结合重点业务部门关于制度建设的诉求和建议,从文件体系架构、重点内容、关联性、可操作性等方面对制度文件体系进行全面的优化。健全完善工作应重点聚焦如下方面:

一是增强管理手册到具体的业务管理制度之间的关联性,使管理手册中涉及的内容有具体落实的相应管理制度,夯实责任,解决执行不力的问题。

二是在信息化顶层设计规划、项目统筹管理、云、网、端的保障能力、系统上线后的管理制度配套等方面,补充完善对应的管理制度,淘汰过时的与现状不符的制度条款,统一技术要求、管理要求和工作要求。

三是构建制度文件优化升级的管理机制,根据新增业务或业务调整,及时制定企业制度和标准来规范活动开展,将重复使用的流程性规章制度纳入企业标准体系,加快标准化进程,对国家、行业外来文件进行转化应用等。

7)以深化评估与考核工作为手段,确保重点举措有效率先落地

对企业两化融合发展水平及现状进行定期评估与诊断,以有助于评价企业两化融合管理体系各项指标的完成情况,用于识别问题、深入推进两化融合工作。常态化、周期性的跟踪监测将帮助企业从数据、技术、业务流程、组织结构及其相互匹配等方面,对两化融合的实施效果进行评价,找出存在的问题和差距,明确未来改进的重点

和方向。同时,两化融合评估诊断结果也可作为两化融合推进工作的绩效考核重要组成部分,将两化融合考核指标和考核制度纳入企业绩效考核体系,确保考核的整体有效性。根据当前许多企业在评估和考核工作中存在的问题,建议企业根据自身业务发展的实际情况,参考两化融合评估规范国家标准,建立个性化的两化融合评测指标体系,全面评估与诊断、监视与测量、持续改进企业两化融合水平。同时,在更新新型能力体系策划的基础上,建立并完善与之相对应的新型能力量化指标和其他运行相关绩效指标体系,持续跟踪监测改进两化融合管理体系运行绩效,从中及时发现相应的业务流程、部门、岗位职责问题或业务、管理问题,将运行绩效同企业绩效考核体系和战略闭环管理相结合。

10.2　持续夯实两化融合基础设施建设

10.2.1　优化建立业务流程

1)生产调度业务优化

生产调度优化的立足点在于计划本身的优化、为调度提供依据、计划的检查和循环改进(图 10-5 中,计划作为调度系统的入口,依据运行和监控中反馈的数据,检查计划执行情况,调整计划,修改计划,重新制定计划,进入下一个循环)。在保证能够完成月计划的基础上,以优化全公司效益为目标,根据对未来生产客观因素的预期制定当日生产计划,分析实际执行与计划的差异,建立计划循环改进的流程,从而改变以往计划的制定侧重于考虑符合各项约束限制而无暇顾及效益优化、计划与调度存在脱节、计划与实际执行结果缺乏对比等问题,切合公司实际,引入先进的计划制定和计划管理思路,为公司合理配置资源、明确最大效益并切实获取最大效益提供依据。加强科研协同力量,构建符合公司战略的调度优化模型(月、日调度模型,调排产模型)。

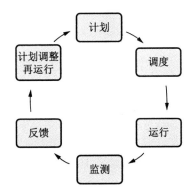

图 10-5　生产计划优化过程

2）管网调度业务优化

管网调度业务与生产调度业务有机融合，并加强 3 个业务管理：一是智能监控调度并优化公司管网系统的运行、追踪及应急处置；二是统筹公司应急处置资源，即进行风险预警，在突发事故或故障中处置和指挥；三是进行分析及优化，减少管网能耗，提升资产利用率，提高全公司管网运营效率及可靠性。通过管网调度业务，为实现公司天然气产业链各环节的有效衔接和一体化运营提供有力支撑。

3）钻井运行管理业务优化

钻井运行管理作为支持业务，需要根据公司年度钻井投资计划，编制年度钻井运行进度大表，并与钻探公司共同落实本油气区所需的钻机、试修机，负责公司钻机、试修机统一调度、统一管理，以及重点区域试油压裂设备的统筹安排、钻井工程运行动态管理，协调解决运行过程中出现的问题和矛盾。因此，需加强业务执行管理，针对钻井运行管理业务核心指标（钻机、压裂设备调度有效率），重构钻前工程中非技术性的事务流程，提高线上审批力度，提高二级单位对井工程日报数据的审核力度，减少人为重复工作等。同时，需加强动态数据管理，提高数据时效性和质量性，加强钻井工程各环节动态实时监控、预警，尤其是加强钻机智能匹配模型建立，保证生产管理人员和公司决策层可以随时了解和掌握钻井工程运行状况，及时做出决策，实时智能纠偏。

钻井运行管理如图 10-6 所示。

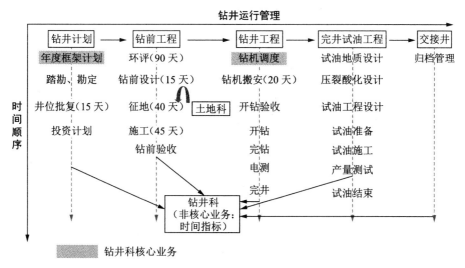

图 10-6　钻井运行管理

4）应急物资高效管理提升

利用物联网、地理信息、移动应用技术,优化公司应急物资储备业务管理流程,完善应急物资管理信息系统,实现以物资入库、出库、库存控制效率提升,实现物资维修保养、报废、处置等环节上的精细化、智能化管理,实现物资高效、精准调拨,全面提升公司应对突发事件的应急处理能力。

10.2.2　加强组织协同

生产运行是综合协调的中枢。为充分发挥"统筹、指挥、协调、督办、服务"处室职能作用,需要加强相关处室协同:

（1）气田开发部。保证生产数据的完整性,完成生产数据时时推送,协同产能计划制定与调整等。

（2）工程技术部。提高气井开发效率,互通气井开发进度,协同产能计划制定与钻机调度等。

（3）管道管理部。保证管道完整性,共享、共建管网安全监控与管网优化调度平台,协同调度计划制定、应急方案制定、计划调整等。

（4）营销部。目前生产运行系统和营销系统为两套独立运行的系统,数据存储在不同的数据库,相互之间的功能关联性不强,信息与业务流程和应用相互脱节。而生产计划制定和调整与营销计划制定和调整相互制约,要更好地做到产销平衡和批零一体化,就需要加大两部门之间的业务协同。

（5）质量安全环保处。缩短井工程钻前的环评周期;提高调度应急预案审核和发布效率;在安全生产过程中,加强安全监督共享机制,将安全隐患透明化,为高效地生产调度保驾护航。

（6）科研院所。与科研院所共享实时数据,科研院所要加强科学研究力度,提供生产调度模型、管网运行调度模型、钻机调度模型等应用型科研成果。

（7）各气矿(厂站)。加强调度中心与各气矿调度室的业务联系与指导,保证日报表数据的准确性,提高调度计划下达后的执行力度。

10.2.3　加强系统建设及数据互联互通

生产调度一体化业务流是公司的核心业务。生产运行处是牵头部门,由生产运行处主体负责,目前集成在生产运行管理平台下的主体系统是生产调度管理子系统与日产销平衡子系统等。而该业务流下的各部门信息系统建设在满足自身业务的前提下,应为解决该业务提供技术、数据支撑。各信息系统间应实现互通互访。

1) 产运储销业务协同展示

在当前西南油气田信息化系统中,通过 A2 系统基本实现了各组织机构、区块及单井生产动态数据的管理及展示,通过生产运行管理平台基本实现了各组织机构、区块及单井产量完成情况及集输、净化输气动态的管理与展示,但目前各系统不具备大屏展示油气田生产调度相关业务领域的综合信息的功能。大部分重点工作的综合信息仍然是各业务管理人员从不同专业应用系统中下载相关基础数据进行整理统计,以 PPT 形式向相关决策领导进行汇报,工作效率不高,同时很多情况无法满足决策层对数据及时性的需求。因此,实现开发建设、油气生产、集输净化、输气管网、油气销售领域针对生产调度业务的日常生产动态集成,是生产调度重点关键指标动态展示的当务之急。

2)生产实时动态监控

在当前西南油气田信息化系统中,通过生产视频监控系统和生产数据平台基本实现了生产井及油气站场的生产实时监控,通过工程技术与监督管理系统基本实现了探井和开发井生产现场的监控,但目前在统一应用管理方面还处于"专业数据支撑专业应用"的状况,相关领导及业务处室管理人员在进行工作指挥时需登录多个系统。同时,由于各系统的使用对象主要为生产现场的管理人员及技术人员,存在业务重点不突出、不能反映某项重点工作综合动态的问题,无法为公司管理者提供全面的生产调度信息决策辅助。因此,统一权限入口,建设实时数据的综合展示系统,实现勘探开发生产全业务链条的实时监控是当务之急。

3)天然气生产智能分析与调度管理

利用在线仿真系统、阴极保护管理系统和人工智能第三方施工预警系统组成天然气管网智能化安全生产管理系统,加强大数据分析和智能预警模型。

依托产运储销运行优化决策支持模型、管网优化运行调度模型等帮助调度人员方便、快捷地验证输气方案,同时对管道事故提供事先预警和实时报警,实现风险管控由被动向主动转变,实现天然气管网平衡、管存、操作、预测、应急、作业等智能调控管理。

4)自然灾害信息管理系统

升级改造现有自然灾害防治信息系统,实现防汛减灾全过程各环节精细化管理。

(1)共享地方气象、地灾等相关部门信息成果。寻求将相关信息源接入自然灾害防治信息系统,实现灾害信息第一时间获知,预警信息第一时间传递,灾情信息第一时间集成。

(2)进一步提升系统分析展示功能。结合GIS系统、图表工具等,实现相关气象信息、灾情信息、应急资源信息等的多维度、多层次查询、分析、展示。

(3)建立抢险救灾电子指挥图。实现应急状态下灾害现场信息实时采集、传输功能,为公司科学应急指挥与高效远程决策提供信息化支撑。

5)井工程运行管理系统

以井工程运行管理业务流程全覆盖为目标,通过钻井工程运行管理信息系统的升级,使管理范围覆盖面更宽,数据统计分析更优,管理流程更清晰,从流程上、业务上、数据上、手段上提升井工程运行管理效率和调度指挥决策能力,支撑公司井工程运行管理系统向智能化发展。扩展钻井运行管理信息系统,实现从部署计划、钻前工程、钻井工程、试油工程到交接井各环节功能模块建立,完善数据管理、智能分析应用,实现实时决策和纠偏,有效保障钻井工程高质量运行。

6)土地管理系统

以土地管理全生命周期为主线,扩展现有生产运行管理平台内的土地管理功能,实现从新增土地、存量土地到土地处置的全过程业务管理,新增业务管理过程的预警、督办提醒与考核,完善数据管理、智能分析与集成展示,实现精细化管理。

10.2.4 深化数据利用

围绕生产运行处相关科室的关键业务流程,明确各业务流程需要多部门协同工作才能完成,但各部门都自建了相关业务系统,各业务系统按自己需要定义存储数据,这就带来数据共享难、标准不统一的问题,造成可利用度不高。因此,需要各部门在统一规划下强化数据的标准化、规范化,有效提升数据及时率、完整性、准确性。

实现生产运行数据一体化共享,完成生产运行相关历史数据的配套建设,集成应用 A2、A5、A11 和规划计划、营销管理、管道与场站等的业务系统,实现各类相关数据入共享区域湖,实现数据的一次采集、多业务应用,解决数据重复录入的问题,减少基层员工工作量,方便各业务系统使用。

结合科研院所对相关业务建立的模型和科学的算法,利用大数据进行深度开发,打造生产运行大数据智能分析能力,通过各类机器学习实现数据智能治理、智能分析,打造生产运行业务开放式数据生态。

10.3 有序推动两化融合标准体系建设

10.3.1 两化融合标准体系建设

西南油气田公司坚持不断建立健全管道相关的标准体系。标准体系一般分为 4 个层级,最高一层是法律法规,其他各层自下而上是企业标准、行业标准和国家标准。管道完整性管理法规及三级标准体系如图 10-7 所示。

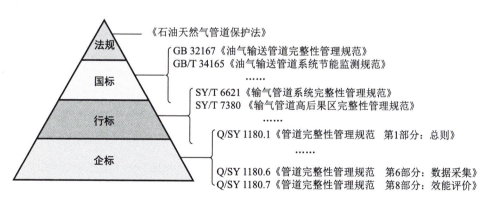

图 10-7 管道完整性管理法规及三级标准体系

（1）通过建立健全《数字化作业区标准体系》,进一步完善管道完整性管理体系文件,重点加强信息化条件下(如移动视频监控、无人机巡检等)的标准化作业程序。

（2）构建公司的数据资产管理体系及其关键标准。通过梳理数据资产管理各环节的需求,建立公司数字资产管理标准体系。

（3）参照图 10-7 建立健全公司两化融合标准体系,进一步完善两化融合贯标、运行相关的管理标准。

10.3.2 标准流程化

构建业务流与技术流融合、敏捷协同的业务模式。数据驱动创新、技术引领业务，必然会导致管道生产的业务组织模式发生变革，由此也提出了其中的人员、技术、流程三大要素上的变革管理要求。以工作流程简化、固化和标准化为核心，在一体化技术平台的有效支撑下，通过相关业务人员、操作人员和技术人员的分工协作和部分自动化执行机制，跨地域协同、多部门联动地按照工作流程来引导和约束，可明显提升管道业务工作的效率和质量，从而为企业带来显著效益。

业务流与技术流融合业务组织模式示意如图 10-8 所示。

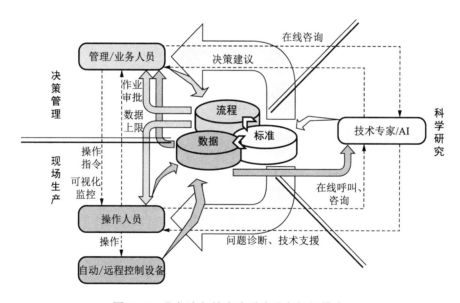

图 10-8　业务流与技术流融合业务组织模式

信息化的核心是数据。可构建油气藏－井筒－管网生产一体化系统数据模型，实现流程的信息化。目前国际上主流的管道数据模型为 PODS 和 APDM。PODS 不依赖于任何 GIS 软件。APDM 是 ESRI 公司基于 ArcGIS 的 Geodatabase 设计的。中石油基于 APDM 构建了管道完整性数据标准,西南油气田公司也基于 APDM 对管道与场站进行了数字化设计。管道完整性数据标准有 Q/SY 1180.6—2014《管道完整性管理规范　第 6 部分:数据采集》。

ESRI 针对管道采用更新的 UPDM 代替 APDM 数据结构。UPDM 的设计采取了多家欧美地区管道运行公司的经验,建立了非常全面的数据结构框架。公司管道完整性数据模型应据此进行更新。

勘探开发有 EDPM 模型,管道有 PIDM 模型,为此应研究模型融合的可行性与解决方案,以支撑业务一体化战略。建议开展油气藏 - 井筒 - 管网生产一体化系统数据模型建立的研究。

10.3.3　信息平台化

构建业务协同的管道全生命周期一体化管理平台。跨部门业务协同的管道全生命周期管理模式如图 10-9 所示,主要涉及 3 个部门和 3 个平台,分别是基建工程处的地面工程数字化移交平台、管道管理部的管道管理平台和生产运行处的生产运行管理平台。要实现管道全生命周期一体化管控,必须融合地面工程数字化移交平台、管道管理平台和生产运行管理平台等系统的管道业务数据,建立基建工程处、管道管理部、生产运行处等跨部门业务协同的体制机制、标准化规程和作业规范。

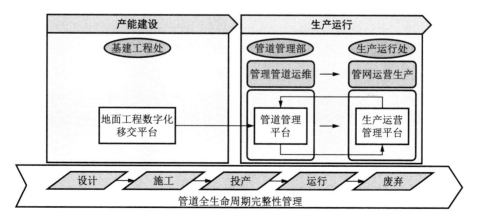

图 10-9　跨部门协同的管道全生命周期管理

整合管道业务动态信息及静态成果数据,通过建设管道管理平台对接管道与场站系统、生产运行系统、设备管理系统、作业区数字化管理平台、地面建设工程数字化移交平台、五矿一处巡线系统等信息系统,集成基础地理信息数据、周边环境数据、管道本体与附属设施数据、生产运行数据、阴极保护数据、管道外部环境风险数据、维修维护数据、管道智能检测数据、管道常规检测数据、管道巡护数据、高后果区及风险评价数据、应急管理数据以及非结构化数据,实现管道全生命周期完整性数据管理。

10.4 开创勘探开发一体化协同模式

10.4.1 数字化勘探开发现状

西南油气田利用数字化已优减 7 个作业区,建成中心站 141 座,单井无人值守站 1 167 座,一线员工日常操作流程电子化覆盖率 100%。老区用工总量减少 30%,新区用工总量较传统模式减少 70%,完成全部 34 个作业区数字化气田建设。

经过 10 年建设,西南油气田已全面实施开发生产现场"单井无人值守、区域集中控制、调控中心远程协助支持"的生产管理模式和"电子巡井、定期巡检、周期维护、检维修作业"的生产运行模式,建成了以"工业控制系统、超级物联网、作业区数字化平台"为标志的数字化油气田。

西南油气田以效益最大化为目标,建成龙王庙智能气田示范工程。示范工程构建了跨业务跨领域的一体化协同工作生态环境,实现了生产动态全面感知、生产过程自动优化、趋势特征智能预判、管理研究协同创新、辅助决策集成共享。目前龙王庙智能气田已全面实现单井无人值守,应用机器人、无人机等智能技术,以先进的工业控制系统+超级物联网+数字化"气藏、井筒、地面"+专家系统与智能工作流,实现就地可视化示范和远方远程支持,用工总数仅为传统生产管理模式的 30%。

10.4.2　有效推动勘探开发一体化协同模式

为创新页岩气开发模式，西南油气田建立数字化工作流，开创"业务标准化、标准流程化、流程信息化、信息平台化"勘探开发一体化协同模式，培育气田低成本开发、精益生产新型能力。最短供地周期仅用 2 天，采购资金节约率超过 8%，平均采购周期缩短至 7 天，配送效率提高 15%。

与此同时，西南油气田在工程建设方面已基本建成"监督系统、专家系统、管理平台"数字化三级监管新模式，推进数字化移交，实现了井工程全覆盖、地面工程站场全覆盖。

预计到 2025 年，西南油气田将初步建成以"万物互联、深度感知、趋势预测、自适应调节"为特征的智能油气田，构建天然气全业务链一体化模型，实现勘探开发工程技术一体化、生产过程管控一体化和产运储销一体化协同高效管理。

附　录

信息化规划评价标准

序　号	判断标准	分　值
1	具有信息化规划的业务单位占总体的比例 80%～100%	80～100
2	具有信息化规划的业务单位占总体的比例 70%～80%	60～79
3	具有信息化规划的业务单位占总体的比例 60%～70%	40～59
4	具有信息化规划的业务单位占总体的比例 50%～60%	20～39
5	具有信息化规划的业务单位占总体的比例小于 50%	1～19

信息化建设投入评价标准

序　号	判断标准	分　值
1	具有信息化规划的业务单位占总体的比例 80%～100%	80～100
2	具有信息化规划的业务单位占总体的比例 70%～80%	60～79
3	具有信息化规划的业务单位占总体的比例 60%～70%	40～59
4	具有信息化规划的业务单位占总体的比例 50%～60%	20～39
5	具有信息化规划的业务单位占总体的比例小于 50%	1～19

信息系统运维投入评价标准

序　号	判断标准	分　值
1	具有信息化规划的业务单位占总体的比例 80%～100%	80～100
2	具有信息化规划的业务单位占总体的比例 70%～80%	60～79
3	具有信息化规划的业务单位占总体的比例 60%～70%	40～59
4	具有信息化规划的业务单位占总体的比例 50%～60%	20～39
5	具有信息化规划的业务单位占总体的比例小于 50%	1～19

信息化咨询及投入评价标准

序　号	判断标准	分　值
1	具有信息化规划的业务单位占总体的比例80%～100%	80～100
2	具有信息化规划的业务单位占总体的比例70%～80%	60～79
3	具有信息化规划的业务单位占总体的比例60%～70%	40～59
4	具有信息化规划的业务单位占总体的比例50%～60%	20～39
5	具有信息化规划的业务单位占总体的比例小于50%	1～19

信息化组织建设水平评价标准

序　号	判断标准	分　值
1	具有信息化规划的业务单位占总体的比例80%～100%	80～100
2	具有信息化规划的业务单位占总体的比例70%～80%	60～79
3	具有信息化规划的业务单位占总体的比例60%～70%	40～59
4	具有信息化规划的业务单位占总体的比例50%～60%	20～39
5	具有信息化规划的业务单位占总体的比例小于50%	1～19

信息化制度建设水平评价标准

序　号	判断标准	分　值
1	具有信息化规划的业务单位占总体的比例80%～100%	80～100
2	具有信息化规划的业务单位占总体的比例70%～80%	60～79
3	具有信息化规划的业务单位占总体的比例60%～70%	40～59
4	具有信息化规划的业务单位占总体的比例50%～60%	20～39
5	具有信息化规划的业务单位占总体的比例小于50%	1～19

标准化程度评价标准

序　号	判断标准	分　值
1	具有信息化规划的业务单位占总体的比例80%～100%	80～100
2	具有信息化规划的业务单位占总体的比例70%～80%	60～79
3	具有信息化规划的业务单位占总体的比例60%～70%	40～59
4	具有信息化规划的业务单位占总体的比例50%～60%	20～39
5	具有信息化规划的业务单位占总体的比例小于50%	1～19

信息化领导小组及专题例会制度建设水平评价标准

序 号	判断标准	分 值
1	具有信息化规划的业务单位占总体的比例80%～100%	80～100
2	具有信息化规划的业务单位占总体的比例70%～80%	60～79
3	具有信息化规划的业务单位占总体的比例60%～70%	40～59
4	具有信息化规划的业务单位占总体的比例50%～60%	20～39
5	具有信息化规划的业务单位占总体的比例小于50%	1～19

人员素质水平评价标准

序 号	判断标准	分 值
1	具有信息化规划的业务单位占总体的比例80%～100%	80～100
2	具有信息化规划的业务单位占总体的比例70%～80%	60～79
3	具有信息化规划的业务单位占总体的比例60%～70%	40～59
4	具有信息化规划的业务单位占总体的比例50%～60%	20～39
5	具有信息化规划的业务单位占总体的比例小于50%	1～19

信息化技能普及率评价标准

序 号	判断标准	分 值
1	具有信息化规划的业务单位占总体的比例80%～100%	80～100
2	具有信息化规划的业务单位占总体的比例70%～80%	60～79
3	具有信息化规划的业务单位占总体的比例60%～70%	40～59
4	具有信息化规划的业务单位占总体的比例50%～60%	20～39
5	具有信息化规划的业务单位占总体的比例小于50%	1～19

信息化年培训投入评价标准

序 号	判断标准	分 值
1	具有信息化规划的业务单位占总体的比例80%～100%	80～100
2	具有信息化规划的业务单位占总体的比例70%～80%	60～79
3	具有信息化规划的业务单位占总体的比例60%～70%	40～59
4	具有信息化规划的业务单位占总体的比例50%～60%	20～39
5	具有信息化规划的业务单位占总体的比例小于50%	1～19

人均计算机占有率评价标准

序　号	判断标准	分　值
1	具有信息化规划的业务单位占总体的比例80%～100%	80～100
2	具有信息化规划的业务单位占总体的比例70%～80%	60～79
3	具有信息化规划的业务单位占总体的比例60%～70%	40～59
4	具有信息化规划的业务单位占总体的比例50%～60%	20～39
5	具有信息化规划的业务单位占总体的比例小于50%	1～19

数据中心建设水平评价标准

序　号	判断标准	分　值
1	具有信息化规划的业务单位占总体的比例80%～100%	80～100
2	具有信息化规划的业务单位占总体的比例70%～80%	60～79
3	具有信息化规划的业务单位占总体的比例60%～70%	40～59
4	具有信息化规划的业务单位占总体的比例50%～60%	20～39
5	具有信息化规划的业务单位占总体的比例小于50%	1～19

信息系统员工覆盖率评价标准

序　号	判断标准	分　值
1	具有信息化规划的业务单位占总体的比例80%～100%	80～100
2	具有信息化规划的业务单位占总体的比例70%～80%	60～79
3	具有信息化规划的业务单位占总体的比例60%～70%	40～59
4	具有信息化规划的业务单位占总体的比例50%～60%	20～39
5	具有信息化规划的业务单位占总体的比例小于50%	1～19

各业务单元信息共享水平评价标准

序　号	判断标准	分　值
1	具有信息化规划的业务单位占总体的比例80%～100%	80～100
2	具有信息化规划的业务单位占总体的比例70%～80%	60～79
3	具有信息化规划的业务单位占总体的比例60%～70%	40～59
4	具有信息化规划的业务单位占总体的比例50%～60%	20～39
5	具有信息化规划的业务单位占总体的比例小于50%	1～19

信息系统业务覆盖率评价标准

序　号	判断标准	分　值
1	具有信息化规划的业务单位占总体的比例 80%～100%	80～100
2	具有信息化规划的业务单位占总体的比例 70%～80%	60～79
3	具有信息化规划的业务单位占总体的比例 60%～70%	40～59
4	具有信息化规划的业务单位占总体的比例 50%～60%	20～39
5	具有信息化规划的业务单位占总体的比例小于50%	1～19

安全生产率评价标准

序　号	判断标准	分　值
1	具有信息化规划的业务单位占总体的比例 80%～100%	80～100
2	具有信息化规划的业务单位占总体的比例 70%～80%	60～79
3	具有信息化规划的业务单位占总体的比例 60%～70%	40～59
4	具有信息化规划的业务单位占总体的比例 50%～60%	20～39
5	具有信息化规划的业务单位占总体的比例小于50%	1～19

节能减排率评价标准

序　号	判断标准	分　值
1	具有信息化规划的业务单位占总体的比例 80%～100%	80～100
2	具有信息化规划的业务单位占总体的比例 70%～80%	60～79
3	具有信息化规划的业务单位占总体的比例 60%～70%	40～59
4	具有信息化规划的业务单位占总体的比例 50%～60%	20～39
5	具有信息化规划的业务单位占总体的比例小于50%	1～19

信息化带动作用评价标准

序　号	判断标准	分　值
1	具有信息化规划的业务单位占总体的比例 80%～100%	80～100
2	具有信息化规划的业务单位占总体的比例 70%～80%	60～79
3	具有信息化规划的业务单位占总体的比例 60%～70%	40～59
4	具有信息化规划的业务单位占总体的比例 50%～60%	20～39
5	具有信息化规划的业务单位占总体的比例小于50%	1～19